I0876180

Liebe zwischen Männern?

Christentum und Zeitgeschichte (CuZ)

Band 3

Im Auftrag der Evangelischen Arbeitsgemeinschaft
für Kirchliche Zeitgeschichte
herausgegeben von Siegfried Hermle und Harry Oelke

Klaus Fitschen

Liebe zwischen Männern?

Der deutsche Protestantismus und das Thema Homosexualität

EVANGELISCHE VERLAGSANSTALT
Leipzig

Bibliographische Information der Deutschen Nationalbibliothek
Die Deutsche Nationalbibliothek verzeichnet diese Publikation in der Deutschen Nationalbibliographie; detaillierte bibliographische Daten sind im Internet über http://dnb.dnb.de abrufbar.

Printed in Germany

Das Buch wurde auf alterungsbeständigem Papier gedruckt.

Cover: Kai-Michael Gustmann, Leipzig
Coverbild: © thinkstock/Emdurodog
Satz: Steffi Glauche, Leipzig
Druck und Binden: CPI books GmbH, Leck

ISBN 978-3-374-05588-3
www.eva-leipzig.de

Inhalt

I. Worum es geht . . . 7
II. Nicht der Homosexuelle ist pervers, sondern die Situation, in der er lebt . . . 19
III. Man kann darüber sprechen: Beratung statt Kriminalisierung in der Kirche . . . 28
IV. Der Weg zur Großen Strafrechtsreform . . . 41
V. Die Große Strafrechtsreform als Herausforderung für die Kirche . . . 49
VI. Die Initiative »Homosexuelle und Kirche« (HuK) . . . 61
VII. Sexueller Nonkonformismus im Einheitsstaat: Die Entwicklung in der DDR . . . 75
VIII. Initiativen lesbischer Frauen unter dem Dach der Kirche . . . 100
IX. Der »Fall« Klaus Brinker . . . 107
X. Die Intensivierung der innerkirchlichen Debatten in den 1980er Jahren . . . 115
XI. Die »Orientierungshilfe« der VELKD von 1980 . . . 124
XII. Der »Fall« Eduard Stapel . . . 136
XIII. Ein konservativer Exponent: Die Evangelisch-Lutherische Kirche Sachsens . . . 140
XIV. Ein liberaler Exponent: Die Rheinische Kirche . . . 151
XV. Kaleidoskopartige Einblicke in andere Landeskirchen . . . 170
XVI. Der gescheiterte Versuch einer gesamtkirchlichen Linie: »Mit Spannungen leben« . . . 179

XVII. Die Kirche unter Zugzwang: neue Lebensformen, neue Gesetze 187
XVIII Auf der Höhe der Zeit – und doch ernüchtert. 194
XIX. Epilog. 199

Quellen und Literatur 200

I. Worum es geht

What is this thing called love, this funny thing called love?
(Cole Porter)

Warum gibt es Linkshändigkeit? Niemand weiß es, und es gibt für das Phänomen der Linkshändigkeit keine schlüssige medizinische oder psychologische Erklärung. Dabei wurde durchaus ein gewisser Aufwand getrieben, um dem Phänomen auf die Spur zu kommen. Sollte die Ursache etwa eine vorgeburtliche Hormonstörung sein? Oder gibt es ein Linkshändigkeits-Gen? Oder handelt es sich um die Folge einer hirnphysiologischen Störung? Alle diese Fragen sind gestellt worden und unbeantwortet geblieben. Für Linkshändigkeit gibt es keine Erklärung. Links- und Rechtshändigkeit sind beides Varianten von »Händigkeit«, wobei alle Rechtshändigen ja auch ihre linke Hand brauchen und umgekehrt. Alle Menschen sind in gewisser Hinsicht »bihändig«.

Was Linkshändigkeit lange Zeit als Problem erscheinen ließ, war ihre Minderheitenposition: Es gibt nun einmal weniger links- als rechtshändige Menschen. Linkshändige sind nicht »normal«, und sie sollten zur »Normalität« bekehrt, also erzogen werden. Diese Umerziehung von linkshändigen Kindern auf Rechtshändigkeit, die noch bis in die 1970er Jahre hinein üblich war, endete im besten Falle in einer krakeligen Handschrift und im schlimmsten in psychischen Störungen.

Nun wäre es eine gute Gelegenheit gewesen, die Linkshändigkeit auch zu einem theologischen Thema zu machen. Was hat sich Gott dabei gedacht, als er linkshändige Menschen schuf? In der Bibel wird Linkshändigkeit zweimal im Alten Testament im Richterbuch erwähnt (Richter 3,15 und 20,16), und an der ersten Stelle gilt diese Eigenschaft als eine Art Behinderung: Der Richter Ehud war nämlich nicht einfach linkshändig, wie die Lutherbibel übersetzt, sondern er war, so ist der hebräische Text wohl zu verstehen, an seiner rechten Hand behindert. Das hier gegebene Übersetzungsproblem löst die griechische Übersetzung des Alten Testaments mit einem Begriff, der so viel wie »beidrechtshändig« bedeutet - »bihändig«, könnte man sagen. Gerade dafür wird Ehud gelobt, und offensichtlich ist niemand auf die Idee gekommen, aus dieser Bibelstelle, die ja eigentlich ein Defizit beschreibt, eine theologische Theorie über Linkshändigkeit zu entwickeln. Für die Diskriminierung von Linkshändigkeit bedurfte es keiner biblischen oder theologischen Flankierung, immerhin.

Vergleiche hinken immer, aber wer sich mit dem Thema Homosexualität und seiner medizinischen, psychologischen und eben auch theologischen Einordnung befasst, könnte den Eindruck haben, hier läge eine Parallele vor, und dieser Eindruck ließe sich auf gegenwärtige Genderdebatten noch ausdehnen. Sexualität, so könnte man sagen, ist ein Identitätsmerkmal wie Händigkeit, nur vielfältiger: hetero, homo, bi, trans, queer - die Liste ist offen. Das klassische Gegenargument wäre, dass in der biblischen Schöpfungsgeschichte steht, Gott habe den Menschen als Mann und Frau geschaffen, was freilich auch schon eine Interpretation ist, denn es heißt dort, er (oder sie) habe den Menschen männlich und weiblich geschaffen. Und heißt es nicht im Kleinen Katechismus Martin Luthers: »Ich glaube, dass mich Gott geschaffen hat samt allen Kreaturen«? Das sollten alle Menschen für sich sagen dürfen.

Nun ist dies ein Buch zu einem Thema der kirchlichen Zeitgeschichte. Es ist nicht »sexualethisch« gemeint oder »theologisch«, und es ist darum auch kein Ratgeber für heutige Positionsbestimmungen. Die einleitende Reflexion ist letztlich eine sachfremde Abirrung, kann aber darauf einstimmen, dass der Autor dieses Buches durchaus eine Position vertritt. In diesem Buch wird aber keine Exegese oder Hermeneutik betrieben, und es werden auch nicht ethische Analysen evaluiert. Es wird Menschen geben, die dieses Buch mit Sympathie lesen, und andere, die es mit wachsender Antipathie lesen. In der evangelischen Kirche hat sich ein konservatives Teilmilieu erhalten, das sich stets neu der gleichen biblischen Texte vergewissert, das davon ausgeht, dass es eine Schöpfungsordnung gibt, in der die Männer Männer und die Frauen Frauen sind und Heterosexualität gottgewollt, alles andere aber ungewollt und Sünde ist. Mag dieses Teilmilieu auch immer kleiner geworden sein - lautstark ist es geblieben und nutzt dabei den Resonanzraum des landeskirchlichen Protestantismus.

Das vorliegende Buch ist darum auch eine Detailstudie zum innerprotestantischen Pluralismus, wie es ihn auch in anderen Bereichen wie der Friedensethik gibt, nur dass sich das Thema Sexualität besser dafür eignet, Ressentiments zu bedienen. Was heute im Gegensatz zu früheren Jahrzehnten fehlt, ist freilich die Übereinstimmung der von den konservativen evangelischen Kreisen vertretenen Positionen mit denen, die in großen oder größeren Teilen der Gesellschaft vertreten werden, selbst wenn dies oft behauptet wird. Mit verdeckten Ressentiments, die es auch noch in großem Maße gibt, ist andererseits nur schwer ein Bündnis einzugehen: Für Schwulenhass (»Homophobie«) brauchen die meisten Menschen kein christliches Feigenblatt.

Was die im Blick auf dieses Thema weitgehend nur noch innerkirchlich geführten Debatten für die Kirchenmitglieder bedeuten, hat sich leider nicht klären lassen. Dazu bedürfte es einer soziologischen Untersuchung. Treten Schwule und Lesben (um bei der größten Gruppe der nicht eindeutig heterosexuellen Menschen zu bleiben) vermehrt aus der Kirche aus oder sind sie es schon längst? Ist dies in »liberalen« Landeskirchen weniger der Fall als in konservativen wie der Evangelisch-Lutherischen Kirche Sachsens?

Im Übrigen ist der landeskirchliche Protestantismus mit dem Thema Homosexualität nicht allein: Auch in der methodistischen Kirche hat es in den letzten Jahren kontroverse Debatten gegeben, wenn auch mit zeitlicher Verzögerung gegenüber den landeskirchlichen. Die Trauung homosexueller Paare ist dort ebenso wie die Ordination homosexueller Pfarrerinnen und Pfarrer nicht möglich - noch nicht, könnte man vermutungsweise sagen. Anders sieht dies in der katholischen Kirche aus, die hier vollständig ausgeblendet worden ist. Die Entscheidungsprozesse und -maßstäbe sind hier ganz andere und nicht mit den Verhältnissen in der evangelischen Kirche vergleichbar, auch wenn der Leidensdruck von Homosexuellen in beiden Kirchen lange vergleichbar war.

Als ein Ergebnis (und vielleicht ist es auch nur eine These) kann schon hier festgehalten werden, dass Veränderungen der rechtlichen und der gesellschaftlichen Rahmenbedingungen immer auch eine Veränderung der Urteilsbildung innerhalb von Theologie und Kirche nach sich gezogen haben. Dass dies in konservativen Teilmilieus des deutschen Protestantismus eben nicht so war, ist aber auch ein Ergebnis. Dieses Buch zeichnet also innerkirchliche Debatten nach, Debatten, die letztlich zu dem Befund führen: Auch Männer können lieben, ganz natürlich. Sogar einander. Und das gilt natürlich auch für Frauen. Und es könnte in der kirchlichen Urteilsbildung bald auch für Queere, für Transgender, für wen auch immer gelten, solange der Protestantismus noch einigermaßen einen Querschnitt der deutschen Gesellschaft repräsentiert.

Das Bezugsfeld dieses Buches ist also insgesamt der deutsche Protestantismus, und das in gesamtdeutscher Perspektive. Die Evangelische Kirche in Deutschland (EKD) als Dachverband der evangelischen Landeskirchen und die Vereinigte Evangelisch-Lutherische Kirche in Deutschland (VELKD) als gesamtkirchlicher Zusammenschluss der meisten lutherischen Kirchen, der Bund der Evangelischen Kirchen in der DDR (Kirchenbund) und die evangelischen Landeskirchen bilden dieses Bezugsfeld im Einzelnen. Dieses Buch konnte allerdings nicht »vollständig« in dem Sinne sein, dass alle evangelischen Landeskirchen gleichermaßen berücksichtigt wurden; die Debatten sind aber zeitlich versetzt immer ähnlich und auch in ihren Anfängen abhängig von Rahmenvorgaben durch die EKD und VELKD – anders ist dies in den evangelischen Landeskirchen in der DDR, da der Kirchenbund sich aus der Urteilsbildung heraushielt.

Dass sich kirchliche Organe – Kirchenleitungen, Synoden, Bischöfinnen und Bischöfe – überhaupt mit dem Thema intensiv befassten, war eine Reaktion auf die gesellschaftlichen Veränderungen, die auch in die Kirche Einzug hielten, und das hatte vor allem zwei Auslöser: das Outing homosexueller Theologen, das die Frage ihrer Zulassung zum Pfarrdienst (bzw. der Entfernung aus demselben) aufwarf, und den Wunsch gleichgeschlechtlicher Paare, sich trauen oder segnen lassen zu wollen. Beides machte sich um das Jahr 1980 öffentlichkeitswirksam bemerkbar, und es führte zu einer Praxis des hinhaltenden Widerstandes von kirchenoffizieller Seite, der aber nicht verhindern konnte, dass heute, also nur 40 Jahre später, schwule und lesbische Vikarinnen und Vikare ganz selbstverständlich ordiniert werden, gleichgeschlechtliche Paare im Pfarrhaus leben und alle Menschen, die eine bürgerliche Ehe eingehen, dies auch kirchlich tun können - wenn auch nicht überall im vollen Sinne. Die evangelische Kirche hatte also in ihren eigenen Reihen den gesellschaftlichen Wandel zu moderieren, könnte man sagen, und sie hat diese Aufgabe insgesamt nicht schlecht bewältigt, freilich um den Preis der Erkenntnis, dass theologische Bedenken weder außerhalb noch innerhalb der Kirche den Wandel aufhalten können. Die Lebenswirklichkeit hat den kirchlichen Apparat von Denkschriften, Orientierungshilfen und Stellungnahmen in den letzten Jahren und Jahrzehnten immer schneller eingeholt und überholt. Daran haben jene mutigen Menschen großen Anteil, die sich geoutet haben und dadurch zu kirchenamtlichen »Fällen« wurden, die berufliche und persönliche Nachteile auf sich nehmen mussten. Positiv ausgedrückt heißt das, dass Menschen allmählich durch diese »Fälle« innerhalb der Kirche ermutigt wurden, zu ihrer sexuellen Identität und zu ihrer Liebe zu anderen zu stehen.

Einer dieser »Fälle« ist der des in Hannover tätigen Pfarrers Klaus Brinker, und darum ist die Hannoversche Landeskirche in diesem Buch beispielhaft herangezogen worden. Eine weitere interessante Landeskirche ist die Rheinische, die sich schon früh intensiv mit der Frage der Homosexualität befasst hat. Die Archive beider Landeskirchen haben für dieses Buch wertvolles Material geboten. Das Evangelische Landeskirchliche Archiv in Berlin (ELAB) verfügt über Bestände, die nicht nur diese Landeskirche betreffen, wie überhaupt die Archivbestände einzelner Landeskirchen durch das gesammelte Material und Korrespondenzen gute Seitenblicke auf andere Landeskirchen und auch auf die EKD und die VELKD ermöglichen. Das gilt für das Evangelische Zentralarchiv (EZA) in Berlin ohnehin. Einen besonderen Überlieferungsbestand stellt das Archiv der »Ökumenischen Arbeitsgruppe Homosexuelle und Kirche« (HuK) in Nürnberg dar, das letztlich ein Privatarchiv ist. Für die Möglichkeit, hier recherchieren zu können, bin ich den Verantwortlichen dankbar. Die hier benutzte Hauptquelle ist das Informationsblatt (inzwischen »Nachrichtenmagazin«) für Mitglieder (»HuK-Info«). Im Übrigen sind natürlich alle Personen, die nicht weiter öffentlich geworden oder als kirchliches Personal Teil des öffentlichen Lebens sind, anonymisiert worden. Die Konzeption der Reihe, in der dieses Buch erscheint, sieht vor, dass die Bände nur wenige Endnoten enthalten sollen. Da gerade bei der Angabe von Archivalien die Auswahl schwierig ist, sind die Archivbestände wie auch die Literatur (in Auswahl) in einem Quellen- und Literaturverzeichnis am Schluss dokumentiert; auf Anmerkungen ist gänzlich verzichtet worden.

Den zeitlichen Kern des Buches bildet eine Spanne, die in den späten 1970er Jahren mit dem »Fall Brinker« beginnt und um das Jahr 2000 mit dem Lebenspartnerschaftsgesetz von 2001 und den kirchlichen Debatten um Segnungsgottesdienste endet – freilich sind die Linien in die Gegenwart und in die Vergangenheit hinein weiter ausgezogen worden. Marksteine der Entwicklung sind vor allem die Reformen des § 175 StGB und seine Aufhebung im Jahre 1994. Dadurch änderte sich die Rechtslage entscheidend und damit auch der Rahmen des gesamten Themas. Theologische, ethische oder kirchliche Stellungnahmen hatten im Strafgesetzbuch keinen Referenzpunkt mehr und verloren dementsprechend an Plausibilität und gesellschaftlicher Wirkung. In den folgenden Jahren konzentrierten sich die Debatten um die Frage, ob homosexuelle Pfarrer (oder Pfarrerinnen) in Partnerschaft im Pfarrhaus leben durften und ob eine Segnung oder Trauung homosexueller Paare möglich sei. Dazu lagen 1980 (»Gedanken und Maßstäbe zum Dienst von Homophilen in der Kirche«) und 1996 (»Mit Spannungen leben«) kirchenamtliche Stellungnahmen im Sinne von »Orientierungshilfen« vor.

Der weitere zeitliche Rahmen wird in dieser Darstellung nicht über die Zeit vor 1945 hinaus ausgedehnt, nur hier und da wird auf Entwicklungen davor zurückgegriffen, vor allem in rechtlicher Hinsicht. Die Geschichte des Lebens von Homosexuellen, nicht zuletzt im antiken Griechenland, spielt im öffentlichen und kirchlichen Diskurskontext gelegentlich eine Rolle, aber keine entscheidende. Prägender für Recht, Mentalität und Erklärungsversuche sind die mittelalterlichen und frühneuzeitlichen Traditionen, nicht zuletzt aber ein scheinbar wissenschaftlicher Ansatz, der immer wieder psychologische und medizinische Aspekte ins Spiel brachte. Die psychologischen und medizinischen Erkenntnisse waren aber genauso einem Wandel unterworfen wie die theologischen – sie waren nämlich auch nichts anderes als ein Widerhall der gesellschaftlichen Entwicklungen und von dem gleichen »Zeitgeist« abhängig.

Dafür mag das Beispiel der zweiten Auflage des protestantischen Standwerks »Die Religion in Geschichte und Gegenwart« (RGG) stehen: In seiner ersten, am Anfang des 20. Jahrhunderts erschienenen Auflage kannte es noch gar keinen Artikel »Homosexualität«. Erst die zweite, zwischen 1927 und 1931 veröffentlichte Auflage enthält das Stichwort; den dazu gehörenden Artikel verfasste Robert Eugen Gaupp, ein in Tübingen lehrender Psychiater und Neurologe. Gaupp war in seiner Zeit eine Größe seines Faches mit einer eindeutigen Positionierung: Er war ein führender Rassenhygieniker und Anhänger der Zwangssterilisierung von geistig behinderten Menschen. Gaupps Lexikonartikel begann mit einer für die Zeit typischen Begriffskaskade: »Homosexualität = gleichgeschlechtliche Liebe (Synonyma: konträre Sexualempfindung, sexuelle Inversion, Homoerotismus, Uranismus, Urningtum, drittes Geschlecht, androgynes Geschlecht; bei Frauen auch lesbische Liebe oder Saphismus [sic!] genannt).« Gaupps Ausdrucksweise und Vorstellungswelt war ganz zeittypisch: Homosexualität wurde pathologisiert, und Begriffe wie »entartet« und »degenerativ« spielten dabei eine wichtige Rolle. »Echte Homosexualität aus abnormer Anlage« wurde von zeitweiliger Homosexualität in Pubertät und besonderen Lebensumständen unterschieden (»Matrosen, Kriegsgefangene, Fremdenlegion, Klöster«). Den Grund für Homosexualität fand Gaupp in psychischen Erkrankungen und hormonellen Fehlsteuerungen, und hierbei berief er sich sogar auf Magnus Hirschfeld. Homosexuelle, so Gaupp, seien »sehr häufig Psychopathen, nervöse Willensschwache, oft von starkem Sexualtrieb mit polygamer Neigung«. Homosexualität sei auch nicht heilbar, sondern allenfalls kontrollierbar durch »Stärkung des Willens, Abhärtung des Körpers, Ablenkung des Geistes auf andere Gebiete sozialer Betätigung oder produktiver Arbeit, Sublimierung des nicht unterdrückbaren homosexuellen Triebes«. Abschließend gab Gaupp noch Hinweise für die Ethik: Auch Homosexuelle könnten ethisch hochstehende Menschen sein, ihre Sexualität sei aber durch das Strafrecht einzuschränken. Einzig ganz im Geheimen vorgenommene homosexuelle Handlungen erwachsener und mündiger Personen seien zu tolerieren. Damit hatte Gaupp das zusammengefasst, was in Kirche und Gesellschaft wohl konsensfähig war und was Homosexuelle im Dritten Reich zu Tausenden ins Konzentrationslager brachte. Eben das aber musste als herrschende Meinung in Kirche und Theologie gelten.

Die theologische Ethik mitsamt ihrem Rückgriff auf Medizin oder Psychologie ist im historischen Rückblick also immer als Theologie im gesellschaftlichen und politischen Kontext ihrer Zeit zu verstehen. Für die Diskussionen im Raum der Kirche spielten und spielen natürlich vor allem Argumente eine Rolle, die sich auf Bibeltexte bzw. auf die Möglichkeiten ihrer Interpretation bezogen. Hier scheiden sich die Geister darüber, ob man mit der Zeit oder gegen sie gehen soll. Je näher man der Gegenwart kommt, desto vielfältiger werden dann die kirchlichen Entscheidungen und Debatten. Gerade in der Evangelisch-Lutherischen Kirche Sachsens - dem beruflichen Standort des Verfassers - sind die Debatten um das Thema Homosexualität sehr lebendig und werden scharf geführt, jedenfalls von konservativer Seite aus.

Das Thema dieses Buches ist, dem Titel folgend, tatsächlich vor allem die Liebe zwischen Männern. Im Vorfeld hat es, seitdem das Buch angekündigt ist, dazu einige kritische Rückfragen gegeben, die in einem Brief an den Verlag in dem Vorwurf gipfelten, das Buch sei ein typisches Zeugnis für die patriarchale Verleugnung weiblicher Sexualität. Es wäre ein Missverständnis zu glauben, dass lesbische Frauen hier einfach ausgeblendet werden, und sie kommen in diesem Buch auch vor. Ich hätte dieses Buch auch nicht oder nicht so geschrieben, wenn ich nicht gerade von den lesbischen Frauen in meinem persönlichen Umfeld für das Thema Homosexualität sensibilisiert worden wäre, und ich verdanke vor allem einer dieser Frauen einen Lernprozess, ohne den meine Position heute vielleicht immer noch die eines theologischen Bedenkenträgers wäre.

Allerdings ist daran zu erinnern, dass der inzwischen außer Kraft gesetzte § 175 des Strafgesetzbuches (StGB) ausdrücklich nur die »Unzucht unter Männern« erwähnte, dieser Paragraf aber nicht nur den rechtlichen, sondern lange auch den kulturellen Rahmen bildete, in dem kirchliche Stellungnahmen zu sehen sind. Der Untertitel »Der deutsche Protestantismus und das Thema Homosexualität« könnte also auch »Der deutsche Protestantismus und das Thema männliche Homosexualität« lauten (was nun freilich in den Obertitel »Liebe zwischen Männern« ausgelagert ist). Mit weiblicher Homosexualität haben sich kirchliche und theologische Verlautbarungen nie oder nur am Rande befasst. Schwule Männer, nicht lesbische Frauen bildeten den Anstoß. Sexualität, ja Liebe zwischen Männern erschien kriminell, abartig, sündhaft. In das Thema »Der deutsche Protestantismus und das Thema Homosexualität« gehören Frauen dennoch hinein, denn auch ihren Outings und Initiativen verdankt sich ein Aufbruch in den Reihen des deutschen Protestantismus, nicht zuletzt in der DDR. Daran, dass lesbische Frauen sich immer wieder von schwulen Männern ignoriert oder zurückgesetzt sahen, wird auch dieses Buch nichts ändern können. Es kann aber auch nicht als Beitrag zu einer solchen Ignorierung, Zurücksetzung oder »patriarchalen Verleugnung« gelesen werden, wenn man seinen Titel und seinen Inhalt recht versteht.

Ein eigenes Problem ist der Sprachgebrauch: In diesem Buch wird ebenso von Homosexuellen wie von Schwulen und Lesben gesprochen. »Schwul« und »lesbisch« sind von Schimpfwörtern zu Selbstbezeichnungen geworden, die sich auch im allgemeinen Sprachgebrauch schon weit durchgesetzt haben.

»Homosexuell« - ein Begriff, der im 19. Jahrhundert aufgekommen ist - ist eine neutrale Bezeichnung, die in diesem Buch gerade für die ersten Jahrzehnte der Debatte häufiger gebraucht wird als »schwul« oder »lesbisch« - Begriffe, die seit den späten 1960er Jahren verwendet, aber erst seit den 1980er Jahren selbstverständlich wurden. Bezeichnungen wie »homotrop« oder »invertiert« sind inzwischen aus dem Sprachgebrauch weitgehend verschwunden und haben sich als Notlösungen erwiesen, die die Sexualität von Homosexuellen letztlich verleugnen. Einzig das Wort »homophil« ist noch gängig, vor allem in evangelikalen Kreisen. In diesem Buch ist auch gelegentlich von »Betroffenen« die Rede - das Wort ist generell in Anführungszeichen gesetzt, also durchaus ironisch gemeint.

II. Nicht der Homosexuelle ist pervers, sondern die Situation, in der er lebt

Wenn Homosexuelle es wagten, an das Licht der Öffentlichkeit zu treten, so wie es im 20. Jahrhundert zunehmend der Fall war, mussten sie sich lange in eine Selbststilisierung flüchten, die sich als Subkultur markierte oder, ganz im Gegenteil dazu, als besonders angepasste Kultur: In Zeitschriften von Homosexuellen für Homosexuelle, die in der Bundesrepublik in den 1950er und 1960er Jahren erscheinen konnten, gab man sich bürgerlich, kultiviert und männlich. Die Angepasstheit erklärte sich allerdings aus der dauernden Gefahr, dass die Zeitschrift verboten oder beschlagnahmt wurde. »Unzucht« und Gefährdung der Jugend waren die gängigen Gründe dafür. 1954 wurde der offene Verkauf solcher Zeitschriften untersagt. Das allerdings erging allen Zeitschriften so, die sich mit Sexualität befassten. Auf eine gewisse Liberalisierung nach 1945 folgte eine restriktive Phase, in der alles, was nach »Schmutz und Schund« aussah, indiziert wurde. Auch bei Beate Uhse fand Homosexualität im Übrigen nicht statt, und wenn, dann nur unbeabsichtigt, weil in den späten 1960er Jahren auch nackte Männer in ihren Versandkatalogen abgebildet wurden.

Sexualität spielte in den »homosexuellen« Zeitschriften auch nur versteckt eine Rolle, vielmehr ging es um geradezu asexuelle Freundschaft unter »homophilen« Männern – ein Ansatz, den schon Zeitschriften dieser Art vor 1933 hatten. Männlichkeit und Kameradschaft waren Leitbilder, die politisch eigentlich ganz anderswohin gehörten, hier aber bemüht wurden. »Tunten« waren also unerwünscht. Das Eros der Antike in

Reinheit und Schönheit wurde beschworen, also die sublimierte Liebe zum gleichen Geschlecht. Hinzu kam das Werben um Toleranz und Akzeptanz, das aber bei den eigentlichen Adressaten gar nicht ankommen konnte, da sie die Blätter ja nicht lasen. Das dauerhafteste Forum war »Der Kreis« (man gab sich als Lesezirkel), eine Zeitschrift, die von 1943 bis 1967 in Zürich erschien und über die Schweiz hinaus nach Deutschland und in andere Länder ausstrahlte. In der Schweiz war Homosexualität schon 1942 entkriminalisiert worden, Homosexuelle wurden aber weiterhin diskriminiert. Davon erzählt der 2014 veröffentlichte Film »Der Kreis«, der auch in deutschen Programmkinos zu sehen war.

Der polizeiliche Verfolgungsdruck ging zwar nach 1945 ebenso wie die gerichtlichen Verurteilungen allmählich zurück, doch gab es allenfalls Duldung für Prominente wie den Außenminister Heinrich von Brentano oder die Schauspieler Hubert von Meyerinck und Gustaf Gründgens. In den 1950er Jahren wurden immer noch Tausende von Männern aufgrund des § 175 StGB verurteilt, einfach weil sie homosexuell waren. Sie wurden kriminalisiert und in ihren privaten Kreisen, an ihrem Arbeitsplatz und in der Öffentlichkeit unmöglich gemacht. Öffentliches Aufsehen erregte 1961 der Prozess gegen Helmuth von Grolman, den ersten Wehrbeauftragten des Deutschen Bundestages: Grolman wurde bezichtigt, sexuelle Beziehungen zu einem 17-jährigen Kellner zu haben - hier kam also strafrechtlich die Minderjährigkeit zum Tragen. Dass Grolmans Beziehung überhaupt entdeckt wurde, lag daran, dass die Freundin des jungen Mannes sein Tagebuch gefunden und ihn verraten hatte. Beide Beschuldigte versuchten, sich das Leben zu nehmen, kamen aber davon. Aus Grolman, dem hochdekorierten Offizier zweier Weltkriege, dem Karrierebeamten, dem Familienvater mit fünf Kindern wurde ein geächteter Außenseiter, der nie wieder ein öffentliches Amt übernehmen konnte. Die Presse schlachtete die Affäre aus, und der »Spiegel« wusste zu berichten, dass sie bis 1935 noch nicht einmal strafbar gewesen wäre, weil es dazu des Nachweises des Geschlechtsverkehrs bedurft hätte.

Mediziner und Psychoanalytiker trugen das Ihre dazu bei, Homosexualität zu ächten und Homosexuelle zu Außenseitern zu erklären. Namen wie Hans Bürger-Prinz oder Hans von Hentig stehen für Positionen, die Homosexualität als abnorm oder asozial disqualifizierten. Für Hans von Hentig waren Homosexuelle geistesgestört und potenzielle Kriminelle, was er nicht nur an Männern, sondern auch an lesbischen Frauen festzustellen meinte. Darum war er auch dafür, den § 175 StGB auf Frauen auszudehnen. Zu seinen empirisch gesicherten Erkenntnissen gehörte, dass unter homosexuellen Männern doppelt so viele Linkshänder zu finden waren wie unter heterosexuellen.

Hans Bürger-Prinz, der vor allem wegen seiner Eigenschaft als zuverlässiger ideologischer Gefolgsmann in der Zeit des Dritten Reiches Professor geworden war, hatte in dieser Zeit viele Homosexuelle begutachtet, mit fatalen Folgen. Er hatte auch Menschen mit psychischen Erkrankungen im Sinne der »Euthanasie« in den Tod geschickt, und er hatte traumatisierte Soldaten zu Simulanten erklärt, die oft den Freitod statt der Todesstrafe wählten. In der Bundesrepublik inszenierte sich Bürger-Prinz als Halbgott in Weiß und wurde auch so gefeiert, obwohl man von seiner Verstrickung in die nationalsozialistische »Gesundheitspolitik« wusste. Bürger-Prinz galt als unanfechtbarer Experte der Kinder- und Jugendpsychiatrie und eben auch als Koryphäe der »Sexualwissenschaft«. Für Bürger-

Prinz ging Homosexualität in »homosexueller Betätigung« auf, es handelte sich für ihn nicht um eine persönliche Eigenschaft, sondern um etwas, was man wegerziehen konnte, und eben dazu sollte das Strafrecht dienen.

Für eine andere Haltung steht der ausgerechnet von Bürger-Prinz geförderte Hans Giese. Giese war homosexuell und hatte sich in der Zeit des Dritten Reiches durch Tarnung und entschlossene Mitläuferschaft einer möglichen Verfolgung entzogen. Das Verhältnis von Bürger-Prinz zu Giese wurde oft als »väterlich« bezeichnet; Gieses Buch »Der homosexuelle Mann in der Welt« erschien 1958 mit einem Geleitwort von Bürger-Prinz. Giese trieb zwar die Etablierung der Sexualwissenschaft als eigene Disziplin voran und wollte damit auch gegen den § 175 StGB vorgehen, blieb aber letztlich ein Einzelkämpfer. Giese stellte wie andere eine Nomenklatur von Homosexuellen auf, in der diejenigen, die in einer Partnerschaft lebten, für gut befunden wurden, jene aber, die das nicht taten, als der Promiskuität verfallen pathologisiert wurden. Anders, als man ihn später sah, war Giese eben nur in einem sehr gebrochenen Sinne ein Vorkämpfer sexueller Freiheit, und dies zeigte sich in einem Projekt, das Giese ausgerechnet mit Veit Harlan (»Jud Süß«) verwirklichen wollte, der sich nach dem Krieg auf Unterhaltungsfilme verlegt hatte. Der Film, der 1957 in die Kinos kam, hieß ursprünglich »Das dritte Geschlecht« und wurde nach einer Umarbeitung unter dem Titel »Anders als Du und ich« gezeigt. Der Film wurde von der Kritik als homosexuellenfeindlich angesehen und konnte, zumal nach der Umarbeitung, keinesfalls als aufklärendes Werk angesehen werden.

Das ostdeutsche Pendant zu Giese im Kampf gegen den § 175 StGB war der in Dresden praktizierende Arzt Rudolf Klimmer, dessen Hauptwerk »Die Homosexualität als biologisch-soziologische Zeitfrage« 1965 nur in der Bundesrepublik erscheinen konnte. Wie Giese war auch Klimmer »Betroffener«, aber anders als Giese im Dritten Reich zum Opfer des § 175 StGB geworden. Ihm, der mit einem Mann zusammenlebte, wurde verboten, weiter als Arzt zu praktizieren. Zudem wurde er zweimal zu einer Gefängnisstrafe verurteilt. Nach 1945 setzte sich Klimmer in der DDR wiederholt für eine Entkriminalisierung der Homosexualität ein. Für Klimmer war klar, dass Homosexualität eine Anlage war, die man nicht therapieren konnte (und musste), allerdings ging er auch davon aus, dass es sich dabei um eine »Störung« handele. Die frühen Initiativen Klimmers und anderer, den § 175 StGB aus dem Strafgesetzbuch der DDR zu streichen, gingen ins Leere. Eine öffentliche Debatte, schon gar eine unter Beteiligung der »Betroffenen«, war ohnehin nicht möglich, und auch in der DDR fürchtete man – jedenfalls vonseiten der SED-Diktatur – eine Zersetzung der Moral. Klimmer wurde aber auch außerhalb der DDR wahrgenommen, und manche sahen in ihm einen neuen Magnus Hirschfeld.

Etwa zur gleichen Zeit wie Klimmer, nämlich 1963, veröffentlichte der tschechoslowakische Psychiater Kurt Freund sein Buch »Die Homosexualität beim Mann«, das 1962 schon auf Tschechisch erschienen war. Das Buch war ein Plädoyer für die Milderung des § 175 in der DDR, nachdem es 1962 schon eine entsprechende Entschärfung des tschechoslowakischen Strafgesetzbuches gegeben hatte, der zufolge homosexueller Geschlechtsverkehr nur noch strafbar war, wenn er mit unter 18-jährigen erfolgte oder unter Ausnutzung eines Abhängigkeitsverhältnisses oder gegen Bezahlung. Freund konnte darauf hinweisen, dass es eine solche Milderung auch in einer ganzen Reihe anderer Staaten gab. Das Buch war das Ergebnis umfangreicher Befragungen von Homosexuellen (also Männern) und der Evaluation von Therapieansätzen. Das Ergebnis bestand darin, dass Therapieversuche sinnlos waren.

In Konkurrenz mit den zu dieser Zeit gängigen psychologischen oder medizinischen Erklärungsmodellen standen statistische Befunde im »Kinsey-Report« über die Sexualität von Männern. Der »Kinsey-Report« kann als zusätzlicher Anstoß angesehen werden, in den 1950er Jahren wenigstens verstohlen und verhohlen die Diskussion über den Sinn einer Kriminalisierung und Pathologisierung von Homosexualität – und damit von homosexuellen Menschen – aufzunehmen. Kinsey hatte seine Forschungen über die Sexualität von Männern 1948 veröffentlicht – erst 1955 erschien das Buch in deutscher Übersetzung (»Das sexuelle Verhalten des Mannes«), und es hatte eine Wirkung bis in die 1960er und 1970er Jahre hinein. Schon 1954 war »Das sexuelle Verhalten der Frau« erschienen – die deutsche Übersetzung des 1953 erschienenen englischen Originals. Der »Kinsey-Report« lieferte einen ersten Einblick in die realen Verhältnisse: Sex machte Spaß, Selbstbefriedigung, Sex vor oder außerhalb der Ehe und Oralverkehr waren in der Lebenspraxis normal, und es stellte sich ebenso heraus, dass die Zahl homosexueller Erfahrungen bei Heterosexuellen relativ hoch war und dass auch Homosexuelle heterosexuelle Beziehungen hatten. So ließ sich Homosexualität nicht mehr allein als Durchgangsstadium in der Entwicklung Jugendlicher oder Disposition einer kleinen Minderheit charakterisieren, obwohl es im Kinsey-Report so aussah, als sei das bei der Mehrheit der Männer, die homosexuelle Beziehungen hatten, der Fall. Freilich blieben Kinseys Interpretationen und vor allem seine Zahlen – 37 % der Männer sollten in ihrem Leben eine homosexuelle Erfahrung gemacht haben – auch nicht unwidersprochen. Dass Kinsey ursprünglich Insektenforscher war, musste in der öffentlichen Debatte natürlich vermerkt werden - was freilich auch bedeutete, dass Kinsey auf dem Gebiet der Sexualforschung eine ähnliche statistisch-leidenschaftslose »Fliegenbeinzählerei« betrieb.

Kinseys Ergebnisse waren ein Anstoß für die Zeitschrift »Wochenend« gewesen, beim Allensbach-Institut für Demoskopie eine Umfrage in Auftrag zu geben, die 1949 durchgeführt und als »große deutsche Sexual-Analyse« veröffentlicht wurde. Zwar hatte Allensbach nach Homosexualität gefragt, doch veröffentlichte »Wochenend« die diesbezüglichen Ergebnisse nicht. Immerhin hatte ein knappes Viertel der befragten Männer homosexuelle Erfahrungen gemacht, doch wählten nur 4 % der Befragten die Antwort, Homosexualität sei eine ganz natürliche Sache. Rund 40 % hielten sie für eine Krankheit, rund 50 % für ein Laster, der Rest für eine Angewohnheit.

Das Thema Homosexualität war also durchaus eines, und die nackten Zahlen zeigten, dass es kein schlichtes Randphänomen oder die Sache von Perversen und Kriminellen sein konnte. Dies spiegelte sich auch in einer 1968 in der Bundesrepublik veröffentlichten Umfrage an zwölf Universitäten wider, an der Hans Giese maßgeblich beteiligt war. Hier kam zutage, dass 18 % der Studenten (männlich) zwischen dem zwölften und dem 18. Lebensjahr »homosexuelle Erlebnisse« hatten, allerdings zumeist einmalige. Da die Zahlen im beginnenden Erwachsenenalter niedriger lagen, wurde dies in geläufiger Weise als »passagere homosexuelle Reaktionen« gedeutet (was hieß, dass es sich schon wieder legen würde), und eine bei der Auswertung der Untersuchung gestellte Frage war, »inwieweit homosexuelle Kontakte im Jugendalter die spätere sexuelle Anpassung beeinflussen«. Gefragt wurde in dieser

Untersuchung auch nach Kirchenzugehörigkeit und Kirchenbesuch. Dabei stellte sich heraus, was freilich zu erwarten war: Nichtkirchgänger billigten zu über 90% »homosexuelle Betätigung«, während dies unter den kirchlich Gebundenen nur 50 bis 60% waren. Unter ihnen war immerhin die Hälfte für eine Liberalisierung des §175 StGB, unter den religiös nicht Gebundenen waren es über 80%. Grundsätzlich machte die Umfrage deutlich, dass die Einstellung zu Ehe und Sexualität und vor allem die Praxis unter den Studierenden sehr liberal war und mit kirchlichen Vorstellungen zumeist nicht übereinstimmte. Als 1981 eine Vergleichsstudie durchgeführt wurde, war die Zahl der Männer, die homosexuelle Erfahrungen gemacht hatten, leicht auf 25% angestiegen.

Die Umfrage von 1968 machte wie auch andere deutlich, dass Sexualität in der Realität anders aussah, als kirchliche Verlautbarungen das haben wollten. Regelmäßige Kirchgänger hingen einer rigideren Moral an, aber auch bei ihnen war viel in Bewegung, was das Sexualverhalten anging. Sex vor der Ehe wurde allmählich normal, selbst bei denen, die ihn wegen ihrer christlichen Moralvorstellungen ablehnten.

Die in der Mentalität vieler, aber zunehmend weniger nichthomosexueller Menschen verankerte Auffassung war lange Zeit die, die der §175 des Strafgesetzbuches auf seine Weise formulierte, indem er Homosexualität an sich kriminalisierte. Unwiderlegbar schien es zu sein, dass männliche Homosexuelle triebhaft und tendenziell kriminell waren, Jugendliche verführen wollten, Netzwerke bildeten und allenfalls durch Triebverzicht oder - Höhepunkt der Toleranz - durch eine feste Partnerschaft zivilisierbar waren. Homosexuelle versuchten ja selbst, sich nach außen hin als unauffällig und asexuell, nämlich nicht als homosexuell, sondern als »homophil«

darzustellen. Noch lange galt in Umkehrung des dann so berühmt gewordenen Films Rosa von Praunheims aus dem Jahre 1971: Der Homosexuelle ist pervers, nicht die Situation, in der er lebt. Dies alles war definiert auf dem Hintergrund eines in Staat, Recht, Politik und Kirche propagierten Leitbildes, in dem die heterosexuelle Ehe den sichersten Hafen für Sexualität darstellte. Homosexuell zu sein, wurde als ein Faktor von vielen gesehen, die die Ehe bedrohten und die primär auf einer Überbetonung oder fehlerhaften Ausprägung der Sexualität begründet gesehen wurden.

Praunheims Film stellte im Übrigen eine Initialzündung dar, von der dann indirekt auch Initiativen christlicher Schwuler und Lesben profitieren konnten: Erste Gruppen bildeten sich, so die »Homosexuelle Aktion Westberlin« (HAW), in der sich homosexuelle Frauen und Männer sammelten. In Ost-Berlin gründete sich die »Homosexuelle Interessengemeinschaft Berlin« (HIB). Zugleich wandelten sich die Mentalitäten, die Akzeptanz für Homosexuelle stieg, wie auch die Umfragen zeigten, und auch in Kirche und Theologie setzte allmählich ein Nachdenken ein.

III. Man kann darüber sprechen: Beratung statt Kriminalisierung in der Kirche

Wo das Thema Homosexualität in der Kirche überhaupt vorkam, wurde es lange allenfalls versteckt debattiert und dann eben als Teil eines größeren Komplexes, der die Furcht vor dem zum Inhalt hatte, was man »Sexualisierung« der Gesellschaft nannte. Ein Anlass für solche Debatten war Ingmar Bergmans Film »Das Schweigen«, der 1964 in die deutschen Kinos kam. Die Geschichte zweier Schwestern, denen man lesbische Neigungen attestieren konnte, rief heftige Gegenreaktionen hervor, die den Rat der EKD dazu veranlassten, seinen Filmbeauftragten Hermann Gerber eine »Handreichung für Theologen zur Diskussion über den Film« erstellen zu lassen, die nicht einmal abwertend war, sondern dazu riet, ihn unter der Leitlinie von Römer 1,18–32 zu analysieren, also eines immer wieder für sexuelle »Abweichungen« angeführten Schlüsseltextes. Der Öffentlichkeit, Politik und Intellektuelle stark bewegende Film war dann auch einer der Hintergründe für ein Wort des Rates der EKD zum Buß- und Bettag des Jahres 1964, in dem beklagt wurde: »Die Zeichen moralischer Entartung in unserem öffentlichen und privaten Leben mehren sich in erschreckender Weise.« Dabei waren die anstößigsten Szenen in Deutschland nur nicht aus dem Film herausgeschnitten worden, weil die Verleihfirma das Schweigen als Schweigen Gottes interpretiert hatte – immerhin war Bergman Pfarrerssohn. In der evangelischen Filmpublizistik fand der Film gute Resonanz. Freilich ist die Debatte um diesen Film schon deshalb eine Ausnahme, weil es hier um weibliche Homosexualität ging, wo sich die Debatten doch sonst primär um männliche Homosexualität drehten. Lesbische Lebensweise galt als wesentlich tolerabler und wurde nicht kriminalisiert, auch wenn »Lesbierinnen« pathologisiert oder als »Männerhasserinnen« herabgesetzt werden konnten.

Zur Intensivierung der Debatte im westdeutschen Protestantismus trugen Impulse aus England bei, die durch den anglikanischen Theologen Derrick Sherwin Bailey vermittelt wurden. Bailey hatte 1955 das Buch »Homosexuality and the Western Christian Tradition« veröffentlicht, und er war als Studienreferent (Study Secretary) des Moral Welfare Council der Church of England an der Erstellung eines Gutachtens zum Thema Homosexualität beteiligt. Dieses Gutachten war bahnbrechend für den weiteren Umgang mit dem Thema in der Anglikanischen Kirche, in der englischen Gesellschaft und auch im westeuropäischen Protestantismus. Erstmals hatte sich überhaupt ein Gremium in kirchlichen Kreisen ernsthaft mit dem Thema befasst und auch nicht nur über »Betroffene« geschrieben, sondern diese selbst angehört.

Dadurch machte sich die Anglikanische Kirche zur Fürsprecherin der diskriminierten Homosexuellen und wurde zu einer der führenden Kräfte, die auf eine Reform des englischen Strafrechts drängten. Das entscheidende Dokument dafür war der 1957 fertiggestellte Wolfenden-Report, benannt nach John Wolfenden, dem Vorsitzenden einer 1954 vom britischen Innenministerium eingesetzten Studiengruppe, des Departmental Committee on Homosexual Offences and Prostitution. Die Arbeitsgruppe, die das Papier verfasste, empfahl eine Entkrimininalisierung der Homosexualität, jedenfalls was homosexuelle Beziehungen unter erwachsenen Männern anging. Das stellte einen radikalen Bruch mit einer Politik dar, die in den

Jahren zuvor in England zu einer Verschärfung der Diskriminierung geführt hatte. Der Grund für einen Sinneswandel in Politik und Gesellschaft war letztlich ein Prozess gewesen, der als »Fall Montagu« (Montagu-Case) Aufsehen erregte, weil er einen prominenten Vertreter der Oberschicht betraf, nämlich den Baron Montagu of Beaulieu. Dieser war 1954 zu einer zwölfmonatigen Haftstrafe wegen Homosexualität verurteilt worden. Im gleichen Jahr hatte sich der geniale Mathematiker Alan Turing, dem sich die Entschlüsselung des Codes der ebenso genialen deutschen »Enigma«-Chiffriermaschine im Zweiten Weltkrieg verdankte, infolge einer Hormonbehandlung zur »Heilung« seiner Homosexualität das Leben genommen. Homosexualität war unübersehbar geworden, das zeigte die intensive Beschäftigung mit dem Thema und der Frage ihrer Entkriminalisierung. Der Wolfenden-Report führte allerdings erst 1967 in England zu der empfohlenen Gesetzesänderung.

In Deutschland fand der Wolfenden-Report zuerst Rezeption durch eine Publikation des Hamburger Rechtsanwalts Albrecht Dieckhoff, die er zusammen mit dem Arzt Karl Knop und dem pensionierten Arbeitsgerichtsdirektor Hannes Kaufmann verantwortete. Der eigentliche Initiator dieser Publikation war Kaufmann, der in seinem Vorwort zwar betonte, seine Mitwirkung sei eine ganz persönliche, der es aber auch nicht unterließ zu betonen, er sei Vorsitzender des Hamburger Protestantenvereins. Hier wurde also eine späte Stimme des liberalen Protestantismus laut, und dies unter dem Buchtitel »Der Protestanten-Bericht«, der auf dem Wolfenden-Report und zwei Stellungnahmen von anglikanischer und englischer katholischer Seite beruhte, aber auch den Kinsey-Report einbezog, der schon für den Wolfenden-Report Bedeutung gehabt hatte. Das Anliegen des »Protestanten-Berichts« bestand nicht nur in einer Entkriminalisierung der Homosexualität, sondern auch in ihrer Anerkennung als der Heterosexualität gleichwertige und von Natur aus angelegte Spielart der Geschlechtlichkeit: Nicht Perversion, sondern Inversion lautete die Formel.

Bailey nun war es, der für die zwischen 1957 und 1962 in dritter Auflage erscheinende RGG einen Artikel schrieb, der von anderer Ausrichtung war als der in der zweiten Auflage, aber noch manche Anklänge daran hatte. Auch für Bailey war Homosexualität eine Störung, »ein persönliches Ungenügen«, »das aus den Umweltbedingungen der frühen Kindheit entsteht und im Besonderen auf emotionale Unsicherheit beim Kind zurückgeführt werden kann, die von einer fehlerhaften Mutter- oder Vaterbeziehung verursacht wird«. Der Ton war im Vergleich zu Robert Eugen Gaupps Artikel in der zweiten Auflage somit milder, und wegweisend für die Zeit war der Befund: Homosexualität war nicht wegzutherapieren, ihre Folgen konnten aber gemildert werden, und dabei kam der Seelsorge eine Schlüsselrolle zu. »Die wirksamste Hilfe ist dann die, welche es dem Betroffenen ermöglicht, seine Benachteiligung als Aufgabe zu erfassen, die in positivem Geist bestanden werden soll.« Für Bailey gehörte die Homosexualität zu den »geschlechtlichen Missetaten«, für die aber im Sinne des Wolfenden-Reports eine Entkriminalisierung anzuraten sei.

Theologie und Kirche blieben freilich in den 1960er Jahren insgesamt noch unbeeindruckt von solchen Befunden einer gewissen Öffnung der Debatte unter Experten. Was die Theologie und ihre Vermittlung in die Kirche hinein anging, hatte der Hamburger Theologieprofessor Helmut Thielicke – gewiss kein »progressiver« Theologe – wohl Recht, als er 1962 in einem Aufsatz in der Zeitschrift für Evangelische Ethik schrieb, von den protestantischen Ethikern sei das Thema kaum oder gar nicht zur Kenntnis genommen worden. Thielicke protestierte gegen eine Pathologisierung der Homosexualität und diagnostizierte einen »Abwehrinstinkt« in der theologischen Literatur, den man im Namen von Wissenschaftlichkeit und seelsorgerlicher Diakonie besser unter Kontrolle bringen sollte. Thielicke scheute sich nicht, denen, die das Thema im damals gängigen abwertenden Sinne aufnahmen, eine »doktrinär gehandhabte Ordnungstheologie« vorzuwerfen, »die sich offenbar kaum durch eine seelsorgerliche Begegnung mit den Betroffenen hat in Frage stellen lassen«. Interessant ist bei Thielicke der Umgang mit Aussagen aus dem Brief des Apostels Paulus an die Gemeinde in Rom, in denen Homosexualität zwar als Sünde verurteilt, in denen aber auch gesagt wird, alle Menschen seien Sünder – es ging also wieder um Römer 1,18–32. Thielicke schloss daraus: »Wir befinden uns alle in gleicher Verdammnis, und jeder hat ›sein‹ Teil von ihr bekommen. Auf dem homosexuellen Teil liegt jedenfalls, von hier aus gesehen, keineswegs ein erhöhtes Gewicht, das berechtigt wäre, pharisäische Gefühle der Selbstgerechtigkeit und des Intaktseins bei uns ›Normalen‹ hervorzurufen.« Thielickes Folgerung war denn auch: Homosexualität ist zwar eine Verkehrung der Schöpfungsordnung, sie lässt sich aber kaum medizinisch oder psychologisch korrigieren. Da blieb nur, »die Last dieser Veranlagung als Schickung zu bejahen«. In einem zweiten Schritt formulierte Thielicke es als Aufgabe des Homosexuellen, »innerhalb des Koordinatensystems seiner Konstitution die mann-männliche Verbundenheit ethisch verbindlich zu gestalten«. Das allerdings hatte für Thielicke wiederum mit Triebsublimierung zu tun, die unter Anleitung eines ärztlichen oder seelsorgerlichen Begleiters eingeübt werden sollte. Eben diese Auffassung fand sich dann auch in Thielickes »Theologischer Ethik« wieder. Selbst wenn sich Thielicke also gegen eine Pathologisierung von Homosexuellen wendete, könnte man von einer »Theologisierung« sprechen.

Thielicke benannte mit der ärztlichen oder seelsorgerlichen »Begleitung« auch das Feld, auf dem in den 1960er Jahren Homosexualität innerhalb der Kirche am ehesten thematisiert werden konnte, nämlich das der Seelsorge oder der Beratung. Der Fortschritt aus damaliger Sicht lag darin, dass Homosexualität – so sah es Thielicke und so sollten es ganz allmählich auch andere sehen – eine ethische oder psychologische, aber keine strafrechtliche Frage war. So wurde Thielicke neben Theodor Bovet, dem Leiter der evangelischen Eheberatungsstelle in Zürich, zum Kronzeugen für eine evangelische Haltung, die Homosexualität an sich straffrei gestellt sehen wollte. Bovet hatte mit dem 1959 erschienenen Buch »Sinnerfülltes Anders-Sein« die Partnerschaftlichkeit zum Leitprinzip heterosexueller wie homosexueller Beziehungen erhoben. Zu seiner Meinungsbildung hatten Gespräche mit Homosexuellen erheblich beigetragen – hier lag also ein frühes Beispiel dafür vor, dass man die »Betroffenen« auch zu Wort kommen lassen konnte.

Innerhalb der evangelischen Szene von Beratern und Beraterinnen und sich als medizinisch und psychologisch sachverständig Ansehenden hatten die Beiträge Thielickes und auch anderer in der Zeitschrift für Evangelische Ethik durchaus initialen Charakter für weitere Debatten. Nicht nur Thielickes Aufsatz war nämlich 1962 in dieser Zeitschrift erschienen, sondern auch andere zum gleichen Thema. Den Reigen eröffnete der Tübinger Systematische Theologe Adolf Köberle, der zwischen verschiedenen Formen homosexueller – und hier auch wieder allein männlicher – Beziehungen differenzierte, sie aber insgesamt als Entwicklungsstörung disqualifizierte, für die er die verschiedensten Ursachen ausfindig machte. Damit lag er auf einer Linie mit einer Auffassung, die im Übrigen erst in den 1950er Jahren aus den Vereinigten Staaten nach Deutschland gekommen war: Homosexualität war somit eine Störung, eine Krankheit, die es zu heilen galt, wenn auch die Chancen dafür schlecht standen, da viele Homosexuelle gar nicht wünschten, geheilt zu werden. Was blieb, war wieder einmal Triebverzicht und das Angebot, durch die christliche Gemeinde getragen und gestützt zu werden.

Seelsorge und Beratung waren jedenfalls die Arenen, in denen Homosexualität individuell zur Sprache kommen konnte, nicht aber die kirchliche Öffentlichkeit als solche, wobei zu beachten ist, dass die Seelsorge sich immer mehr als psychoanalytische Seelsorge verstand – eine Bewegung, für die die Klinische Seelsorgeausbildung und Namen wie Joachim Scharfenberg und Dietrich Stollberg stehen. Zuständig waren dafür die evangelischen Ehe- und Familienberatungsstellen. Dabei kam es zu einer merkwürdigen Koalition von Beratenden und Beratenen, solchen Menschen also, die ihre Homosexualität als Problem ansahen, was allerdings in dieser Zeit aufgrund des herrschenden Meinungsklimas auch kein Wunder ist. Eine Statistik der Hauptstelle der evangelischen Kirche im Rheinland für Ehe- und Familienfragen verzeichnet jedenfalls für die Zeit von 1951 bis 1966 unter dem Punkt »Perversionen«: 0,7% Rat Suchende unter der Rubrik »Verschiedene« und 0,6% Rat Suchende unter der Rubrik »Homosexualität«.

Diese in Düsseldorf angesiedelte Beratungsstelle war als erste landeskirchliche Stelle überhaupt 1959 gegründet worden, um die Arbeit der evangelischen Ehe- und Familienberatungsstellen im Rheinland zu koordinieren. Dies stellte eine gewisse Emanzipation von der Inneren Mission dar. Zum Leiter der landeskirchlichen Düsseldorfer Beratungsstelle wurde Guido Groeger berufen, der schon ihre Vorläuferin, eine lokale kirchliche Beratungsstelle, geleitet hatte. Groeger war Arzt, Psychotherapeut und Seelsorger und für neue Entwicklungen durchaus offen, allerdings auf dem Boden der damaligen gesellschaftlichen und kirchlichen Begrenzungen. Die Geschlechterrollen waren noch festgefügt, die Ehe galt als »Keimzelle der Gesellschaft«. Der Themenkranz von Ehe, Sexualität und Familie wurde nun jedenfalls zu einem selbstständigen Feld kirchlicher Beratungsarbeit, für die entsprechende Stellen eingerichtet und Personal rekrutiert wurde.

Als 1964 das Evangelische Zentralinstitut für Familienberatung in Berlin gegründet wurde, das aus der 1959 gegründeten »Konferenz für Evangelische Familien- und Lebensberatung« erwuchs, hatten die landeskirchlichen Ehe- und Erziehungsberatungsstellen eine Zentrale bekommen. Die Gründung wurde mit einem »tiefgreifenden Wandel in der Sozialstruktur unserer Gesellschaft« und einer »zunehmenden Ratlosigkeit, die sich ganz besonders auf den Gebieten der Ehe und Familie« auswirkt, begründet. Das Zentralinstitut sollte vor allem für die Schulung von Beratungskräften zuständig sein, die in theologischer, psychologischer, soziologischer, pädagogischer und medizinischer Hinsicht fortgebildet werden sollten. Dabei kam es erst allmählich zu einer Professionalisierung: Den ersten Ausbildungskurs besuchten 32 % Hausfrauen, die keine Berufsausbildung hatten. 1966 waren es dann nur noch 17 %. 1971 wurde die Geschäftsstelle der Evangelischen Konferenz für Familien- und Lebensberatung von Stuttgart nach Berlin verlegt, so dass eine Bürogemeinschaft mit dem Institut entstand.

Das Evangelische Zentralinstitut für Familienberatung wurde vom Rat der EKD durchaus kritisch betrachtet. Auf seiner 51. Sitzung am 17./18. März 1971 befasste sich der Rat eingehender damit. Der Anlass lag in einer Stellungnahme des Instituts zur Reform der Ehescheidungsgesetzgebung vom 2. Februar 1971. Die Aufsichtsratsvorsitzende des Zentralinstituts, Oberkirchenrätin Else Gräfin von Rittberg, wurde mit der Klärung des Sachverhalts beauftragt. Kritisiert wurde auch »die personelle Besetzung des Instituts in theologischer und fachwissenschaftlicher Hinsicht«, da sie nicht ausgewogen erschien (was immer das auch bedeutete). Scharfe Kritik kam insbesondere von dem Juristen Ludwig Raiser, zu dieser Zeit Präses der Synode der EKD. Zugleich wurden die Rechnungsführung des Instituts und sein Finanzbedarf bemängelt; auch in den folgenden Jahren zahlte die EKD nicht die volle Summe der beantragten Zuschüsse aus und kritisierte den Umgang des Instituts mit Geld. Die Stellungnahme des Instituts zum Scheidungsrecht hatte die Reform mitsamt dem Zerrüttungsprinzip eindeutig befürwortet und die Vorstellung von der Unauflöslichkeit der Ehe infrage gestellt. Kritik daran kam auch von der Evangelischen Aktionsgemeinschaft für Familienfragen (EAF), die in ihrer Hauszeitschrift von einem »unausgereiften Gesprächsbeitrag« sprach. Der Beitrag war verfasst von dem Oberkirchenrat Cornelius Adalbert von Heyl und monierte vor allem, dass die Stellungnahme nicht »auf einer gründlichen juristischen Information über den Stand der Diskussion gegründet« war.

Angesichts der steigenden Scheidungsziffern bildete die Eheberatung ein Hauptfeld der Tätigkeit des Instituts. Mit der Reform des § 218 StGB entstand dann eine neue Beratungsklientel. In der DDR war die Ehe- und Familienberatung Sache der »Evangelischen Arbeitsgemeinschaft für Ehe- und Familienberatung«, die als Fachverband des Diakonischen Werkes firmierte. Mit der Wiedervereinigung der EKD und ihres Diakonischen Werkes wurde der Fachverband aufgelöst. Weder im westdeutschen Zentralinstitut noch im ostdeutschen Fachverband bildet sich die Befassung mit dem Thema Homosexualität ab. In der Hauptsache ging es um Paar- bzw. Eheberatung.

Das Projekt einer professionellen Beratungsarbeit war durchaus ambitioniert, zumal die »Humanwissenschaften« in Theologie und Kirche bei vielen Theologen keinen guten Ruf hatten, die meinten, Seelsorge sei das eine und Beratung das andere. Auf der anderen Seite kam es zu einer gewissen Auratisierung der Person des Seelsorgers, der, nun mit einer besonderen Methodik ausgestattet, dem bloß theologisch geschulten Pfarrer den Rang ablaufen wollte. Im Blick auf die Kritik an den Humanwissenschaften wirkte sich die aus der Krisenzeit der Weimarer Republik stammende »Dialektische Theologie« aus, die sich mit dem Namen des Schweizer Theologen Karl Barth verbindet. Karl Barth, der mit seiner Frau und seiner Geliebten für alle offensichtlich unter einem Dach lebte, hatte in seiner »Kirchlichen Dogmatik« von der »Krankheit der so genannten Homosexualitat« gesprochen: »Sie ist diejenige – physische, psychische, soziale – Krankheit, die Erscheinung der Perversion, der Dekadenz, des Zerfalls, die da eintreten kann, wo der Mensch die Geltung des gottlichen Gebotes [...] durchaus nicht wahrhaben will.« Diese Äußerung Barths wird heute gerne in evangelikalen Kreisen wieder aufgegriffen. In der Nachkriegszeit hatte diese theologische Schulrichtung die Deutungshoheit über alle theologischen Disziplinen zu erlangen versucht und sich dabei selbst zur Siegerin im »Kirchenkampf« im Dritten Reich ausgerufen. Von diesem selbst zugemessenen Ruhm zehrte sie bis in die 1960er Jahre, bis sich andere theologische Richtungen etablierten, die stärker politisch waren oder, wie schon um das Jahr 1900, die menschliche Lebenswirklichkeit in ihre Urteilsbildungen einbezogen.

Guido Groeger nun war in gewisser Weise ein Antipode der Barth'schen Art von Theologie, und er konnte dabei auf die Bedeutung der Seelsorge und Beratung bauen, die sich auch institutionell manifestierte. Allerdings war auch er eher konservativ, denn sein Maßstab war unverkennbar die Ehe, auf die junge Menschen unter Ausschaltung vorehelicher Sexualität hingeführt werden sollten. Homosexualität wurde in Groegers Ratgebern peinlichst ausgeklammert, so z. B. in seinem Buch »Mädchen, Liebe, junge Männer«. Der totalen Fokussierung auf die Ehe entsprach die Verpflichtung aller, die sie einzugehen nicht willig oder fähig waren, zum Verzicht auf Sexualität, was wiederum normativen Aussagen aus dem Bereich evangelischer Ethik entsprach, die ja immerhin durch Helmut Thielicke kritisiert wurden. Groeger war auch der Autor des Artikels »Homosexualität« in der 1963 veröffentlichten vierten Auflage des Evangelischen Soziallexikons. In dem Artikel verwendete er einen immer noch sehr traditionellen Vorstellungsapparat, wenn er angeborene und erworbene Homosexualität unterschied und Begriffe wie »hormonale Fehlsteuerung«, »neurotische Entwicklung« oder »Psychose« gebrauchte, die den Gesamteindruck einer fehlerhaften Sexualität bzw. Liebesfähigkeit erweckten.

Die Position Guido Groegers ließe sich als Grundposition evangelischer Ethik, so wie sie in den Beratungsstellen vertreten werden sollte, verstehen. Diese Position war ambivalent: Einerseits versuchte man, Sexualität psychologisch zu interpretieren, andererseits diagnostizierte man Abweichungen von einer postulierten psychologischen oder ethischen Norm, die man kurieren wollte. Hier hatte dann die Homosexualität einen Platz. Immerhin war man hier schon weiter als manche andere. Das lässt sich an einer Rezension Groegers zeigen, die 1966 in der Zeitschrift »Wege zum Menschen« erschien. Besprochen wurde von ihm das Buch »Sexuelle Partnerschaft in Ehe und Gesellschaft. Variationen und Perversionen«, das nicht aus dem kirchlichen Kontext stammte, sondern von dem Mediziner Willhart Siegmar Schlegel, der wie so viele als »Sexualwissenschaftler« firmierte, ohne dass damit eine standardisierte Qualifikation verbunden war. In einer späteren, 1971 erschienenen Auflage hieß das Buch interessanterweise »Sexuelle Partnerschaft. Formen und Verhaltensweisen«. Hier war das die Homosexualität thematisierende Kapitel völlig überarbeitet und um ein Kapitel zur Homosexualität von Frauen ergänzt worden (Kap. VI. Die Zweigleisigkeit der männlichen Sexualität). Dem Verfasser nun warf Groeger »eine biologische Interpretation« vor, da für ihn das Sexualverhalten festgelegt sei und er sich nicht mit den psychosomatischen und tiefenpsychologisch-psychoanalytischen Auffassungen auseinandersetze. Bedenkt man, dass Schlegel als Schüler des »Rassenhygienikers« Otmar von Verschuer der Herkunft nach wirklich ein Biologist war, der sogar die Vererbung der Homosexualität behauptete, war Groeger auf der richtigen Spur. Tragisch ist wiederum, dass Schlegel wie so mancher, der sich mit der Materie befasste und Homosexualität abwertete, offensichtlich selbst homosexuell war.

In der Folge der 1962 in der Zeitschrift für Evangelische Ethik veröffentlichten Aufsätze erschien 1965 in der Zeitschrift »Wege zum Menschen«, einem wichtigen Organ des Personenkreises von Beratern und Beraterinnen, ein Beitrag des Mediziners Jochen Fischer. Fischer war Leiter der Abteilung Gesundheitsfürsorge der Hauptgeschäftsstelle der Inneren Mission und Mitglied der Strafrechtskommission der Evangelischen Studiengemeinschaft. Er referierte die Beiträge Thielickes und anderer und nahm selbst wiederum auf die Strafrechtsreform Bezug. Im Überblick zeigt Fischers Beitrag, dass die Diskussionslage äußerst kontrovers, in theologischer Hinsicht vage und von vielen scheinbar unhinterfragbaren Annahmen geprägt war.

Die Beraterinnen und Berater waren es, die die Pathologisierung von Homosexualität noch einmal auf eine neue Grundlage stellten und sich damit letztlich auch eine Klientel konstruierten, die angeblich der Beratung bedurfte. Dies vollzog sich im Kontext einer pessimistischen Weltsicht, die einen Zerfall der Ehe diagnostizierte und diesen nicht auf einen natürlichen gesellschaftlichen Wandel zurückführte – einmal abgesehen davon, dass der Boom der Ehe sich ohnehin erst in der Nachkriegszeit vollzogen hatte –, sondern ihn als Symptom eines umfänglichen Verfallsprozesses deutete. Freilich, und das ist die andere Seite der Medaille, war die psychoanalytische bzw. seelsorgerliche Perspektivierung des Themas auch ein wichtiger Beitrag zu einer Entkriminalisierung der Homosexualität. Dass sich humanwissenschaftliche Methoden und Theologie und Kirche so nahekamen, war immerhin etwas relativ Neues und rief entsprechende Abwehrreaktionen auf evangelikaler Seite hervor. Entlastet war davon auch die Medizin, die jetzt nicht mehr mit Hormonkuren, Kastrationen oder Hirnoperationen für Heilung sorgen sollte.

IV. Der Weg zur Großen Strafrechtsreform

Das Strafgesetzbuch stellte mit seinem § 175 bis zur Großen Strafrechtsreform (1969–1973) Homosexualität unter Männern generell unter Strafe. Zu einer gelegentlich diskutierten Ausdehnung des § 175 auf lesbische Frauen kam es nie. Sie konnten sich als diskriminiert ansehen, wurden aber im Wesentlichen in Ruhe gelassen, wenn auch als »Lesbierinnen« verspottet und mit sexuellen Dominanzfantasien überzogen. Strittig ist, ob lesbische Frauen im Nationalsozialismus hauptursächlich ihrer sexuellen Orientierung wegen verfolgt wurden oder ob der Hauptgrund für Inhaftierungen im Konzentrationslager Ravensbrück jeweils ein anderer war und z. B. darin bestand, Jüdin zu sein. Erinnerungspolitische Konflikte um das Denkmal für die im Nationalsozialismus verfolgten Homosexuellen, das 2008 im Berliner Tiergarten aufgestellt wurde, brachten diese Frage in die Öffentlichkeit.

Die jahrhundertelange Diskriminierung von homosexuellen Männern wurde jedenfalls durch den § 175 StGB abgesichert. Dieser Paragraf ging zurück auf das Strafgesetzbuch des Deutschen Reiches von 1871, das Homosexualität an sich, also auch unter Männern, die schon erwachsen waren, unter Strafe stellte. Damit wiederum wurde auf das Preußische Strafgesetzbuch von 1851 zurückgegriffen, das Homosexualität – und zwar wiederum nur unter Männern – und Geschlechtsverkehr mit Tieren gleichermaßen als »widernatürliche Unzucht« kriminalisierte (§ 143). Schon zu dieser Zeit gab es allerdings Debatten unter Juristen über diesen Paragrafen. Während die einen darin ein Bollwerk gegen den Sittenverfall und die

Gefährdung des öffentlichen Wohles sahen, fragten die anderen, ob man Homosexualität wirklich verbieten könne. In den preußisch gewordenen Rheinlanden (später das Gebiet der in dieser Sache fortschrittlichsten evangelischen Landeskirche) galt wie in manchen anderen deutschen Staaten bis zur Einführung des Preußischen Strafgesetzbuches das napoleonische, das Homosexualität gar nicht erwähnte und somit auch nicht unter Strafe stellte. Die Rheinischen Stände gaben darum bei der Schaffung des Preußischen Strafgesetzbuches zu bedenken, ob man Homosexualität nicht dem Gewissensurteil des Einzelnen überantworten und strafrechtlich ignorieren solle, aber sie konnten sich nicht durchsetzen.

Versuche, Homosexualität straffrei zu stellen, gab es also schon früh. Ein Pionier auf diesem Gebiet war Karl Heinrich Ulrichs, der auf dem Deutschen Juristentag in München 1867 eben diese Straffreiheit einforderte. Es kam zu Tumulten, so dass er seine Rede abbrechen musste. Ulrichs war wegen seiner Homosexualität schon 1854 aus dem Staatsdienst des Königreiches Hannover entlassen worden. Dabei stand Homosexualität an sich in diesem Staat gar nicht unter Strafe, dies kam erst mit der Gründung des Deutschen Kaiserreiches. Strafbar war Homosexualität im Königreich Hannover nur dann, wenn die Erregung öffentlichen Ärgernisses vorlag. Die Forderung nach der Entkriminalisierung homosexueller Männer wurde gegen Ende des 19. Jahrhunderts auch von dem bekannten Psychiater Richard von Krafft-Ebing erhoben. Er plädierte für die Straffreiheit von Homosexualität, indem er Homosexualität zur Krankheit erklärte, die man nicht strafrechtlich verfolgen könne, sondern therapieren müsse. Die Pathologisierung der Homosexualität, die weit verbreitet war, hatte hier also auch einmal eine positive Seite.

Aufklärungsversuche in der Zeit der Weimarer Republik wie die des - selbst homosexuellen - Mediziners Magnus Hirschfeld waren für ihre Zeit fortschrittlich, muten aber im Rückblick an, als wolle man durch wissenschaftliche Erklärungen und die Aufstellung einer Typologie homosexuell lebende Menschen als zu akzeptierende Außenseiter präsentieren. Homosexualität war für Hirschfeld zwar Teil sexueller Normalität und nicht krankhaft, aber sie wurde von ihm stark biologisiert und auf körperliche Merkmale bezogen. Hirschfeld verfolgte mit seinen Arbeiten das Ziel, den § 175 StGB durch den Reichstag aufheben zu lassen, aber das gelang auch anderen Reformern seiner Zeit nicht.

1935 wurde der § 175 StGB vielmehr verschärft, und diese Verschärfung wurde nach dem Ende des Dritten Reiches nicht zurückgenommen. Nicht mehr nur »widernatürliche« Unzucht unter Männern war seither strafbar (also der Geschlechtsverkehr), sondern Homosexualität als Persönlichkeitsmerkmal überhaupt. Homosexuelle, die als Volksschädlinge und Staatsfeinde verunglimpft wurden, wurden in Verhaftungswellen aktiv verfolgt und vor Gericht gestellt, rund 10.000 (genaue Zahlen gibt es nicht) wurden in Konzentrationslagern eingesperrt. Das Bundesverfassungsgericht erklärte die Verschärfung des § 175 in der Zeit des Dritten Reiches 1957 für rechtmäßig und berief sich dabei auf die beiden großen christlichen Konfessionen, die gleichgeschlechtliche Unzucht als unsittlich verurteilten: Homosexualität verstoße gegen das »Sittengesetz«. Das »Sittengesetz« war eigentlich eine katholisch-naturrechtliche Vorstellung, die in Artikel 2 Absatz 1 des Grundgesetzes eingegangen war und die freie Entfaltung der Persönlichkeit beschränkte. Dass es wandelbar sein könnte und sich auch schon gewandelt hatte, wurde von denen, die es bemühten, nicht bedacht.

Überlegungen für eine Strafrechtsreform unter Einschluss einer Reform des Sexualstrafrechts gab es seit den frühen 1950er Jahren (und eigentlich schon seit der Weimarer Republik). 1962 lag ein von einer Kommission verfasster Entwurf des Bundesjustizministeriums vor, der das genaue Gegenteil einer Reform war. Der § 175 StGB (der in diesem Entwurf als § 216 gezählt wurde) wurde im Wesentlichen beibehalten, beigegeben wurde aber wie bei anderen strittigen Paragrafen immerhin der Diskussionsstand: Nicht nur »unmittelbar interessierte Kreise«, sondern auch Juristen und Mediziner würden die Strafbarkeit von Homosexualität infrage stellen, da der »Trieb« der homosexuellen Männer nicht zu beherrschen sei. Eben darum, so diese Kreise, sei eine Strafverfolgung sinnlos, zumal sie zur Bildung von Gruppen homosexueller Männer führe, die sich gegen den staatlichen Zugriff zusammenschlössen. Der Staat - so die zitierten Reformwilligen weiter - habe kein Recht, sittlich anstößige Handlungen zu ahnden, von denen sonst aber keine Gefahr ausgehe. Das sahen die Gegner einer Reform, denen die Mehrheitsmeinung zu dieser Zeit zufiel, anders, und auffällig war die Prognose, dass es auch im Falle einer Streichung des § 175 bei einer gesellschaftlichen Ächtung der Homosexualität bleiben würde. Man sah sich hier in »Übereinstimmung mit der weitaus überwiegenden Ansicht der Bevölkerung«, dass Homosexualität eben keine Anlage, sondern Folge einer »abartigen Persönlichkeitsstruktur« oder einer »geschlechtlichen Fehlhaltung« sei. Die »sittenbildende Kraft des Strafgesetzbuches« müsse darum »einen Damm gegen die Ausbreitung eines [also dieses] lasterhaften Treibens« errichten. Eine Reform sollte es nur dahingehend geben, dass nicht mehr »Unzucht« im weitesten Sinne strafbar war, sondern nur noch »beischlafähnliche Handlungen«, da diese im

Volk als besonders anstößig gelten würden. Dies war aber letztlich nur ein Rückgriff auf die Auslegung des § 175 vor der Zeit des Nationalsozialismus. Mit Lust und Akribie konnten vor Gericht unter solchen Bedingungen »beischlafähnliche Handlungen«, Oralverkehr und gegenseitige Masturbation unterschieden werden.

Der Gesetzentwurf von 1962 war typisch für eine auch weithin in kirchlichen Kreisen geteilte Sichtweise, nach der eine Entkriminalisierung der Homosexualität einen Dammbruch bedeuten musste, der Moral, Anstand, Sitte hinwegspülen würde. Homosexualität war eine geradezu ansteckende Bedrohung, und gemeint damit waren eigentlich die Homosexuellen, die alle scheinbar selbstverständlichen Leitbilder - also Ehe und Familie - infrage stellten. Eine besondere Rolle spielte in den Debatten das »Sittengesetz«, das ja auch das Bundesverfassungsgericht 1957 bemühte.

Das Meinungsklima änderte sich schon bald und sehr schnell, so dass in der zweiten Hälfte der 1960er Jahre das Thema einer Reform des Sexualstrafrechts immer offener diskutiert und damit enttabuisiert wurde. Die Reformwilligen konnten auf vermehrten öffentlichen Rückhalt bauen, jedenfalls was die Entkriminalisierung der Homosexualität unter Erwachsenen anging. Boulevardzeitschriften wie »Quick« und das Fernsehen widmeten sich den Folgen des § 175 StGB und förderten Sympathien für die von Strafverfolgung bedrohten Homosexuellen. Ambivalent war die einsetzende »Sexuelle Revolution«. Sie brachte eine Enttabuisierung mit sich, allerdings war Homosexualität schon wegen der Strafandrohung dabei ein eher marginales Thema. Die Sexualkunde hielt in den Schulen Einzug, nackte Menschen wurden in der Presse abgebildet (wobei vor allem Frauen einem männlichen Voyeurismus ausgesetzt wurden), und Woody Allen persiflierte das Ganze 1972 mit dem Episodenfilm »Was Sie schon immer über Sex wissen wollten, sich aber nicht zu fragen trauten«. Die in dieser Zeit als pädagogische Aufgabe begriffene sexuelle Aufklärung kannte freilich nur die Heterosexualität. So unterschieden die »Richtlinien, Erläuterungen und Literaturhinweise für Eltern, Lehrer und Schüler« zum Thema »Sexualerziehung in Rheinland-Pfalz« aus dem Jahre 1970 sozial tolerierbares und sozial nicht tolerierbares sowie sozial wünschbares und sozial nicht wünschbares Sexualverhalten. Zu den sozial zwar nicht wünschbaren, aber tolerierbaren Formen wurden Homosexualität, Fetischismus und Sadomasochismus gezählt. Das liberalere Meinungsklima konnte also nur indirekt Folgen für eine stärkere gesellschaftliche Akzeptanz von Homosexualität haben.

Immerhin änderte sich das Meinungsklima unter Experten und nicht zuletzt unter Juristen. Dazu trug auch bei, dass das deutsche Sexualstrafrecht im europäischen Vergleich als rückständig angesehen wurde, anderswo Reformen also schon stattgefunden hatten. 1968 lag ein »Alternativentwurf« vor, der ganz anders aussah als der Gesetzesentwurf von 1962. Im gleichen Jahr sprach sich der Deutsche Juristentag für Reformen und auch für eine Entkriminalisierung homosexueller Beziehungen unter erwachsenen Männern aus.

Der Alternativentwurf von 1968 schlug vor: Homosexualität an sich war nicht strafbar, es sollte aber ein Schutzalter für Jugendliche geben. Die FDP machte sich diesen Entwurf zu eigen, aber auch in der CDU fand er Sympathisanten. Zum eigentlichen Motor der Reform aber wurde ein prominenter Protestant und Sozialdemokrat: Gustav Heinemann, Bundesjustizminister von 1966 bis 1969 und dann Bundespräsident.

Heinemann war Mitglied des Rates der EKD (bis 1967) und Präses der EKD-Synode von 1949 bis 1955, außerdem Mitglied der Kirchenleitung der Rheinischen Kirche (bis 1962). Heinemann war ein entschiedener Anhänger einer Liberalisierung des Sexualstrafrechts und stand im Blick auf die Entkriminalisierung der Homosexualität ganz hinter dem Alternativentwurf. 1969, noch zur Zeit der Großen Koalition, wurde der § 175 StGB entschärft, indem nicht mehr Homosexualität an sich strafbar war, sondern nur noch bestimmte Tatbestände, z. B. die »Unzucht« mit Minderjährigen, was aber auch ein Problem darstellte, da das Volljährigkeitsalter damals noch bei 21 Jahren lag. 1973 wurde das Schutzalter auf 18 Jahre gesenkt und der Begriff »Unzucht« durch das konkretere »sexuelle Handlungen« ersetzt. Es blieb aber beim spezifischen Tatbestand der Sexualität unter Männern.

Der § 175 StGB ist von kirchlicher Seite zur Zeit seines Bestehens nie kritisiert worden. In der Zeit der Weimarer Republik und des Dritten Reiches gab es keine kirchlichen Verlautbarungen zum Thema Homosexualität. Nur hier und da finden sich Äußerungen, die Homosexualität der Dekadenz zurechnen. Die heterosexuelle Ehe war das einzige denkbare Lebensmodell. Für die vielen Tausend Männer, die ins Gefängnis geworfen, in Konzentrationslagern gequält und ermordet und bestenfalls in eine Schattenexistenz abgedrängt worden sind, haben kirchliche Institutionen lange kein Wort des Bedauerns gefunden und kein offenes Bekenntnis einer Mitschuld abgegeben. Das war, wie man zugeben muss, in Politik und Gesellschaft nicht anders. Die kirchliche Mitschuld bestand zumindest in einem billigenden Schweigen, aber auch in einer theologischen Legitimierung der strafrechtlichen Repression. Erst in neuerer Zeit finden sich Schuldeingeständnisse innerhalb kirchlicher Stellungnahmen: Das hauptsächliche Beispiel dafür stellt die »Orientierungshilfe« des Rates der EKD zum Thema Homosexualität aus dem Jahre 1996 dar, an deren Anfang ein Schuldeingeständnis steht: »Christen und Kirchen haben sich [...] oft nicht schützend vor die Angegriffenen gestellt, sondern sind an ihnen mitschuldig geworden.« Aber auch Stellungnahmen aus Berlin-Brandenburg und dem Rheinland haben in den Jahren 1991 und 1992 schon deutliche Schuldbekenntnisse formuliert, andere sind diesen gefolgt.

V. Die Große Strafrechtsreform als Herausforderung für die Kirche

Wie immer auch die Versuche aussehen mochten, mit dem § 175 StGB und seinen Folgen zurechtzukommen, und wie immer auch die Debatten um das Thema Homosexualität überhaupt aussehen mochten – in den Fokus der kirchenleitenden Organe kam das Thema erst, als sich die große Strafrechtsreform ankündigte.

In seiner Sitzung vom 17./18. Januar 1963 nahm der Rat der EKD einen Bericht der Strafrechtskommission der Evangelischen Studiengemeinschaft entgegen, den der Kirchenrechtler Hans Dombois verantwortete. Dombois war Mitarbeiter an der »Forschungsstätte der Evangelischen Studiengemeinschaft« in Heidelberg, einer von der EKD, den Landeskirchen, dem Deutschen Evangelischen Kirchentag und den Evangelischen Akademien getragenen gesellschaftspolitischen Forschungseinrichtung. Die EKD hielt sich aus den Debatten um diese Reform einstweilen heraus, womöglich weil sie ähnliche innere Zwistigkeiten fürchtete, wie es sie in den 1950er Jahren zur Frage der Wiederbewaffnung und der Atomrüstung gab. In dem Bericht der Strafrechtskommission, der 1963 zur Vorlage kam, hatte auch ein Abschnitt zur Reform des § 175 StGB seinen Platz, der zwiespältig ausfiel. Zum einen wurde als Maßstab »sexueller Betätigung« ihre sozialethische Funktion angeführt, die nur in der Ehe verwirklicht werden könne. Darum sei Homosexualität »sozialethisch als Unrecht zu beurteilen« und könne nicht prinzipiell straflos gestellt werden. Abgemildert wurde diese Aussage freilich durch den Satz: »Dieses Urteil schließt nicht aus, daß der homosexuelle Mensch auch als Mensch Gottes geachtet und in der Rechtsgemeinschaft belassen werden muß.« Noch weiter ging dann die Forderung von Teilen der Kommission, die Strafbarkeit der Homosexualität aufzuheben bzw. auf bestimmte Tatbestände einzuschränken, weil die Strafbarkeit »den Effekt einer allgemeinen sozialen Ächtung des Homosexuellen haben kann«. Das Grundproblem wurde von der Kommission in der Gefahr einer Art Dammbruch gesehen, der sich bei einer Entschärfung des § 175 StGB in Form einer Flut homosexueller Propaganda einstellen könnte. Im Endergebnis aber konnte man sich zu einem »Auseinandergehen zwischen dem sittlichen Unwerturteil und der positiven Strafrechtsordnung« verstehen, und dies auch unter Hinweis auf den Aufsatz von Helmut Thielicke aus dem Jahre 1962, der in der Zeitschrift für Evangelische Ethik erschienen war.

Die kirchliche Rezeption der in der Gesellschaft in Gang kommenden Debatten gestaltete sich langsam, und damit begann ein Prozess, der sich bis in die Gegenwart hinein fortsetzen sollte: Die Kirche begab sich in die Rolle des Kommentators, der eine Verlangsamung der gesellschaftlichen und rechtlichen Entwicklung einforderte. Dabei zeigte sich auch, dass es in dieser Frage wie ja auch in allen anderen ethischen Fragen innerhalb des Protestantismus und seinen kirchlichen Gliederungen eine weit gespannte Pluralität gab, wobei es in dieser Zeit noch an Stimmen von »Betroffenen« fehlte, die erst diese Pluralität komplettieren konnten.

Eine offizielle Stellungnahme zum Thema, die durch die Debatten um die Große Strafrechtsreform motiviert war, gab die EKD 1971 in ihrer »Denkschrift zu Fragen der Sexualethik« ab. Daran war seit 1965 gearbeitet worden, die dafür zuständige Kommission hatte 24 Mitglieder, die mehrheitlich in kirchlichen Beratungsstellen und kirchlichen Ausbildungseinrichtungen arbeiteten. Die Denkschrift ließ sich insgesamt als durchaus fortschrittlich verstehen, und dass überhaupt Sexualität zu einem Thema in der Kirche wurde, ließ sich positiv bewerten. Der Text, der auf Homosexualität als zwölfter Punkt einging (der elfte war »Sexuelle Perversionen«), ging das Thema auf dem Wege einer Differenzierung unterschiedlicher Formen und Gründe von Homosexualität an, zu denen auch »eine Fehlentwicklung der Sexualität im frühen Kindesalter« oder »hirnorganische Schäden« gezählt wurden. Manche Homosexuelle aber waren gekennzeichnet durch »einen bisher unbekannten, möglicherweise konstitutionellen Faktor«: »Die Aussicht, einem solchen sogenannten ›Neigungshomosexuellen‹ durch Behandlung zu einer hetero-sexuellen Beziehungsfähigkeit zu verhelfen, ist gering.« Homosexualität galt insgesamt als »sexuelle Fehlform«, was als »eine andere Beurteilung als die frühere moralisch verurteilende« verstanden werden sollte. Sie sollte darum auch nicht mehr strafbar sein. Das Wichtigste aus kirchlicher Sicht war das Angebot seelsorgerlicher und therapeutischer Hilfe, das es ja auch schon gab. Immerhin hatten an der Denkschrift auch Guido Groeger, der 1971 nach Kiel berufene Pastoralpsychologe Joachim Scharfenberg, die Leiterin des Berliner Zentralinstituts für Familienberatung Bertha Sommer und andere Vertreter der Beratungsszene mitgearbeitet. Man blieb also auf der in den 1960er Jahren erprobten Linie. Kirchliche Foren, Akademietagungen oder andere Formen der Öffentlichkeit zu diesem Thema sollten noch einige Jahre auf sich warten lassen. Homosexualität war in dieser Perspektive keine gesellschaftliche oder eine ganz private Frage, die niemanden etwas anging, sondern eine seelsorgerliche, und das sollte sie auch bleiben.

Die »Denkschrift zur Sexualethik« fand nicht die gewünschte Resonanz in Fachzeitschriften und der theologischen Ethik. Ihre Wirkung wurde von einem anderen, schon Ende 1970 veröffentlichten Text überblendet, der nach seinem Umschlag die »Orange Schrift« genannt wurde. Es handelte sich um die erste gemeinsame Stellungnahme der evangelischen und der katholischen Kirche - genauer gesagt des Ratsvorsitzenden der EKD Hermann Dietzfelbinger und des Kölner Kardinals Joseph Höffner - mit dem Titel »Das Gesetz des Staates und die sittliche Ordnung«. Diese erregte erheblichen Anstoß, weil hier schon dem Vorwort zufolge christliche sittliche Wertvorstellungen als allgemeinverbindlich eingefordert wurden und ihre mangelnde Akzeptanz als Weg zur Selbstzerstörung des Staates interpretiert wurde. Das Strafrecht wurde hier, ganz im traditionellen Sinne, als Bewahrerin der Sittlichkeit gesehen. Auch innerhalb der evangelischen Kirche stieß dieser Text, dem man eine zu starke Annäherung an katholische Positionen attestierte, auf Ablehnung. Für die Öffentlichkeit aber war er, der vielfach gedruckt und diskutiert wurde, wirksamer als die Denkschrift zur Sexualethik.

Die allmähliche Veränderung der Mentalitäten und die Entkriminalisierung der Homosexualität unter Erwachsenen hatten, wenn auch sehr langsam, Folgen für Initiativen an der kirchlichen Basis. Noch galt die Kirche als wichtiger gesellschaftlicher Akteur, mit dem die inzwischen sich bildenden Initiativen von Homosexuellen reden wollten. So lud die gerade gegründete »Homosexuelle Aktion Westberlin« (HAW) 1972 Kirchenvertreter zu einem Gespräch ein. Dieses fand im Haus der Kirche in Berlin statt. Drei Pfarrer und 20 Personen aus kirchlichen Kreisen waren anwesend, außerdem rund 80 Mitglieder der HAW. Gefordert wurden persönliche Kontakte zwischen christlichen Kreisen und Homosexuellen und gemeinsame Aktionen zur Beseitigung der Diskriminierung in Kirche und Gesellschaft. Und schon 1974 wollten zwei Männer in München »kirchlich heiraten«. Man traute der Kirche also einiges zu.

Dass es im kirchlichen Bereich durchaus ein Bewusstsein für ein Informationsdefizit gab und dass man bisherige kirchliche Äußerungen als unzulänglich empfand, wird schon dadurch dokumentiert, dass der Landeskirchenrat der Evangelisch-Lutherischen Kirche in Bayern 1977 eine Arbeitsgruppe einsetzte, die Entscheidungshilfen zum Thema »Homosexualität bei Pfarrern und kirchlichen Mitarbeitern« erarbeiten sollte. 1977 erschien dann auch eine Aufsatzsammlung »Probleme der Homosexualität. Überlegungen zu Beratung und Seelsorge« in der Reihe »Tutzinger Studien«, die der Evangelische Presseverband für Bayern verbreitete. Die Aufsätze gingen auf eine Tagung in Heilsbronn zurück, die sich an Berater, nicht an »Betroffene« gerichtet hatte. Auf der Tagung war auch Martin Dannecker vertreten, der 1974 zusammen mit seinem Coautor Reimut Reiche ein viel beachtetes Buch zum Thema Homosexualität veröffentlicht hatte. Insgesamt stand wieder einmal die Frage im Mittelpunkt, wie Homosexualität eigentlich zu erklären sei. Die Situation lesbischer Frauen kam durch einen Beitrag von Siegrid Schäfer vom Institut für Sexualforschung in Hamburg vor. Von der Kirche oder kirchlichen Mitarbeitern oder Pfarrern war hier noch nicht die Rede; das sollte sich aber schnell ändern. Unterdessen hatte die Bayrische Landeskirche mit Pfarrer Hans-Gerch Philippi im Dekanat München immerhin einen Dekanatsbeauftragten für Homosexuelle eingesetzt, der mit dem kirchlichen Beratungszentrum »Rat und Tat« in München zusammenarbeitete.

Die vom Landeskirchenrat eingesetzte Arbeitsgruppe legte dem Landeskirchenrat 1978 eine Materialsammlung vor, an deren Erarbeitung Hans-Gerch Philippi mitgearbeitet hatte, aber auch der Münchner Oberkirchenrat Hermann Greifenstein. An einer der Sitzungen der Arbeitsgruppe hatten auch drei homosexuelle Pfarrer teilgenommen (sechs waren eingeladen worden). Ihre Anwesenheit wurde aber nur gastweise geduldet. Hier hatte immerhin ein merklicher Lernprozess stattgefunden, der zu der Erkenntnis geführt hatte, dass eine Urteilsbildung nur möglich sei, »wenn dabei zugleich die Situation homosexueller Pfarrer und Mitarbeiter berücksichtigt wird, so wie sie von diesen selbst gesehen und beurteilt wird«. Der Überblick über wissenschaftliche Aussagen zum Thema zeigte aber wieder einmal, wie kontrovers und konträr diese sein konnten. Typisch war auch der Satz »Über weibliche Homosexualität weiß man noch ungleich weniger als über die männliche Homosexualität«. Registriert wurden Kirchenaustritte von Homosexuellen, die sich von der Kirche im Stich gelassen fühlten, und Vorurteile innerhalb der Kirche. Als »humanitäres Vorurteil« freilich galt die Auffassung, Homosexualität sei so normal wie Heterosexualität - das eben blende aus, dass Homosexuelle eine Ich-Störung hätten. Es blieb also letztlich bei einer Pathologisierung und der Zuschreibung eines »Anders-Seins« mit spezifischen Nöten und Problemen. So wurde Homosexualität auch kurzerhand neben »andere psychische und soziale Auffälligkeiten und Störungen« einsortiert, auf die die Kirche bei der Einstellung von Pfarrern und Mitarbeitern zu achten hätte. Was die drei Pfarrer anging, bestanden ihre spezifischen Nöte und Probleme schlicht und einfach darin, dass sie ihre Homosexualität verschweigen und verstecken mussten und darum einsam waren, da natürlich auch Partnerschaften nicht öffentlich werden durften. Die Lebensaufgabe, »mit seiner Homosexualität verantwortlich umzugehen«, war eben kaum zu bewältigen. Als »Fernziel« wurde ein Experiment mit einer Modellgemeinde ins Auge gefasst, in der ein homosexueller Pfarrer offiziell Dienst tun durfte. Die Befassung mit dem Thema Homosexualität in der Bayrischen Landeskirche traf sich mit dem Wunsch der Landessynode, auf ihrer Herbsttagung 1979 das Thema »Ehe und Familie« zu behandeln, das ja insgesamt in der EKD angesichts der steigenden Scheidungsraten und der immer weniger selbstverständlichen standesamtlichen und kirchlichen Eheschließung ein Thema war.

Gelegentlich kam das Thema Religion und Kirche auch in den soziologischen Studien zum Thema Homosexualität vor: 1974 veröffentlichten Martin Dannecker und Reimut Reiche das umfangreiche Buch »Der gewöhnliche Homosexuelle. Eine soziologische Untersuchung über männliche Homosexuelle in der Bundesrepublik«. In einer Vorbemerkung wurde Hans Giese als Förderer des Projekts benannt. Dannecker hatte Philosophie, Psychologie und Soziologie studiert, Reiche war Psychoanalytiker. Beide, vor allem aber Dannecker, waren Teil eines sich inzwischen organisierenden Netzwerks der Schwulenbewegung - Dannecker hatte an Rosa von Praunheims Film »Nicht der Homosexuelle ist pervers, sondern die Situation, in der er lebt« mitgearbeitet. Danneckers und Reiches Buch bot einen Überblick über das Leben von Homosexuellen, und ein kleiner Abschnitt war auch der religiösen Einstellung und konfessionellen Bindung gewidmet. Demnach waren 28% der Befragten konfessionslos, und 65% bezeichneten sich als nicht religiös. 44% der Befragten waren evangelisch, 26% katholisch. Während die Quote der evangelischen Kirchenmitglieder noch ungefähr der der Gesamtbevölkerung entsprach, war dies bei den katholischen anders: Der katholische Bevölkerungsanteil war zu dieser Zeit ungefähr so groß wie der evangelische, homosexuelle Männer waren also vor allem aus der katholischen Kirche ausgetreten. Wie sich das in den Jahren danach weiterentwickelte, lässt sich nicht ermessen.

Der Rechtssoziologe Rüdiger Lautmann veröffentlichte 1977 einen Sammelband mit dem Titel »Seminar: Gesellschaft und Homosexualität«. Lautmann gelang es später gerade noch, sich von der »Lust am Kind« (so einer seiner Buchtitel) zu distanzieren und eine selbstkritische Haltung zum Missbrauch (»Pädophilie«) einzunehmen. Unter den gesellschaftlichen Diskriminierungsfeldern wurde von Lautmann 1977 neben Recht, Arbeitsplatz, Sexualmedizin, Sozialisation und Massenkommunikation auch »Kirche« benannt. »Mosaismus und Christentum« wurde ein erheblicher Anteil an der Entstehung von Homophobie beigemessen. Der entsprechende Beitrag richtete den Blick auf das Innenleben der Kirchen, die ja zu großen Teilen Männergesellschaften seien, die Homosexuellen attraktive Arbeitsplätze böten - damit war vor allem die katholische Kirche gemeint. Andererseits erfüllten die Kirchen immer noch eine Funktion im Bereich der Sozialkontrolle von Homosexuellen. Dass mit der Intensität der Kirchlichkeit die ablehnende Einstellung zur Homosexualität wuchs, wurde ebenfalls vermerkt. Präsentiert wurden die Ergebnisse einer Umfrage unter kirchlichen Mitarbeitern, die auch den Sachverhalt deutlich machte, dass nicht primär die Homosexualität an sich, sondern das öffentliche Bekenntnis dazu abgelehnt wurde. Interessant war auch, dass Mitarbeiter in Landeskirchenämtern die Anstellung von homosexuellen Mitarbeitern viel eher akzeptierten als Pfarrer, Diakone oder Jugendleiter.

Nicht nur die Entkriminalisierung der Homosexualität, sondern auch andere Ergebnisse der Großen Strafrechtsreform stellten für die evangelische Kirche (noch mehr für die katholische) eine Herausforderung dar. Die Reform des § 175 StGB war also nur ein Aspekt. Ein anderer war die Abschaffung des »Kuppeleiparagrafen« § 180 StGB, der die Begünstigung nichtehelicher »Unzucht« (also des Geschlechtsverkehrs) mit Gefängnisstrafe bedrohte. Dies konnte selbst Menschen treffen, die ihren erwachsenen Kindern den Beischlaf nicht verboten. Gerade diese Vorschrift wurde in einer Zeit, in der schon 300.000 Menschen ohne Trauschein in »wilder Ehe« zusammenlebten, als überholt und als staatlicher Eingriff in das Privatleben angesehen. Auch in kirchlichen Kreisen wollten Vikare und junge Pfarrer nun nicht einfach mehr heiraten, sondern unverheiratet im Pfarrhaus oder in der kirchlichen Dienstwohnung zusammenleben.

Im Blick auf die Geschlechterbeziehungen holte die Realität also an vielen Stellen Ordnungsvorstellungen ein, die in konservativen und auch kirchlichen Kreisen als unanfechtbar galten. Die heterosexuelle Ehe wurde nicht durch Homosexuelle bedroht, wie manche meinten, sondern durch einen gesellschaftlichen Wandel, der die traditionelle Institution Ehe infrage stellte, eine Institution im Übrigen, die erst nach 1945 als Normalfall zur gesellschaftlichen Wirklichkeit geworden war, während die Zahl unehelicher Kinder in früheren Zeiten darauf schließen lässt, dass viele Menschen, die zusammenlebten, dies nicht in einer Ehe taten. Dazu hatten auch rechtliche Ehehindernisse beigetragen, die erst am Ende des 19. Jahrhunderts abgebaut wurden. Zu Beginn der 1960er Jahre – und davon war der aktuelle Eindruck geprägt – konnte man aber davon ausgehen, dass 96 % der damals 18-jährigen Männer und

95 % der damals 16-jährigen Frauen im Laufe ihres Lebens heiraten würden und fast alle von ihnen auch Kinder bekommen würden. Schon seit 1963 sank die Zahl der Eheschließungen wieder, und zugleich erhöhte sich die Zahl der Scheidungen. Die Geburtenquote ging ebenfalls zurück. Zwar machte sich das noch nicht so stark bemerkbar wie in den 1970er Jahren, doch wurde es als Krisenphänomen registriert. Freilich war die Rede von der Krise der Familie schon in den 1950er Jahren zu hören gewesen: Die Familie verlor an Funktionen, die nun der Staat übernahm. Frauen wurden vermehrt berufstätig, und damit setzte eine neue Selbstbestimmung von Frauen ein, die sich nun nicht mehr primär als Hausfrau und Mutter definierten.

Die Kirchen ging nicht zuletzt die Reform des Scheidungsrechts an. Ihr Ergebnis war das 1977 in Kraft getretene »Erste Gesetz zur Reform des Ehe- und Familienrechts«. Ein Ziel war es gewesen, die »Hausfrauenehe« mit ihrer Rollenverteilung zwischen Mann und Frau durch eine Gleichberechtigung zu ersetzen. Die traditionellen Geschlechterrollen wurden also im Zuge der Frauenbewegung und vor allem der wachsenden Zahl gebildeter, beruflich engagierter und auch in der Kirche selbstbewussterer Frauen fragwürdig. Ein anderes Ziel bestand in der Entmoralisierung der Scheidung: Während bisher das Schuldprinzip galt, das dazu führte, dass man »schmutzige Wäsche waschen musste«, wie man sagte, um den anderen Ehepartner zu belasten, galt nun das Zerrüttungsprinzip: Eine Ehe endete nach angemessener Frist, wenn sie gescheitert war. Schon Jahre vorher, im Jahre 1962, war ganz pragmatisch durch die »Düsseldorfer Tabelle« der elterliche Unterhalt von Kindern nach der Scheidung geregelt worden. 1970 waren nichteheliche Kinder ehelichen gleichgestellt worden – »Familie« war etwas Brüchiges geworden oder eben etwas, das man neu definieren musste.

Der Staat zog sich aus seiner Rolle als Sittenwächter jedenfalls zunehmend zurück, und die Frage war, ob die Kirche - besser gesagt: die Kirchen - diese Rolle übernehmen sollten. Auf evangelischer Seite wurden als Krisenindikatoren angesehen: der Rückgang der Zahl kirchlicher Trauungen und ein Schwund ihrer Plausibilität, eine steigende Scheidungsrate, auch bei Pfarrersehen, und der Wunsch von Theologiestudierenden und Vikarinnen und Vikaren, unverheiratet zusammenzuleben. 1978 befasste sich die EKD-Synode mit diesem Thema; dabei bildete Artikel 6 Absatz 1 des Grundgesetzes (»Ehe und Familie stehen unter dem besonderen Schutze der staatlichen Ordnung«) eine Art Anker der Debatten, der immer wieder bemüht wurde, bis die »Ehe für alle« das Vorverständnis, hier könne nur von Mann und Frau die Rede sein, zunichtemachte. Der württembergische Landesbischof Helmut Claß sprach auf der EKD-Synode als Ratsvorsitzender der EKD, und das in einer für ihn wie für sein Amt typischen Weise, indem er nicht nur eine konservative Position einnahm, sondern auch um Verständnis für die Kritik an der Ehe warb, die »wohlausstaffiert und wohlsituiert« geistig leer geworden sei. In einer Kundgebung wollte die Synode zur Ehe und zur Elternschaft ermutigen und rief die politisch Verantwortlichen zu familienfreundlichen Maßnahmen auf. Ähnlich äußerten sich zur gleichen Zeit auch die Gremien der VELKD. Die Bischofskonferenz der VELKD veröffentlichte 1978 eine Erklärung zur Ehe, die die Krisenphänomene aus kirchlicher Sicht benannte. Die Aufgabe der Kirche sei es nun, zu bezeugen, »daß die Gesellschaft um ihrer eigenen Zukunft willen an einer guten Ordnung der Ehe interessiert sein muß«. Dies wurde dann auch alles im Kirchlichen Jahrbuch des Jahres 1978 dokumentiert.

Unübersehbar war eben, dass in zunehmendem Maße auch Pfarrers- und Pfarrerinnenehen geschieden wurden. 1978 trug der Magdeburger Bischof Werner Krusche in seinem Bericht vor der Synode der Kirchenprovinz Sachsen auch einen langen Abschnitt über »Die Ehe als Gegenstand kirchlicher Disziplinarpraxis und als Aufgabe kirchlicher Eheberatung« vor. Krusche konstatierte: »Es läßt sich nicht übersehen, daß der Prozeß der Destabilisierung der Ehe nicht vor den Türen der Pfarrhäuser halt macht.« Die Frage war nun, wie im Blick auf das kirchliche Disziplinarrecht damit umzugehen sei, das ja kein Zerrüttungs-, sondern faktisch noch das Schuldprinzip zur Grundlage hatte. Für Krusche war klar, dass eine Pfarrersehe keine Privatsache sei, sondern es den – auch im kirchlichen Dienstrecht festgehaltenen – »unauflöslichen Zusammenhang von Verkündigungsauftrag und Lebensführung« gebe.

VI. Die Initiative »Homosexuelle und Kirche« (HuK)

Zum Thema innerhalb der Kirche wurde Homosexualität erst wirklich durch den Mut von Männern (und natürlich auch Frauen), sich zu ihr zu bekennen und sich nicht mit der (in manchen kirchlichen Kreisen ja bis heute zu hörenden) Auffassung abzufinden, sie müssten ihre sündhafte »Neigung« unterdrücken oder sich therapieren lassen. Die Erfahrung, nicht allein zu sein, das sich allmählich herausbildende Wissen, nicht krank zu sein, und das Werben oder die Einforderung von Akzeptanz, aber auch der private »Leidensdruck« wurden zu wichtigen Motiven, an die Öffentlichkeit zu gehen. Dazu gehören frühe »Fälle« wie der des Berliner Gemeindehelfers Klaus Kindel, der sich 1974 zu seiner Homosexualität bekannte und deshalb entlassen wurde. Darüber wurde auch öffentlich berichtet: Die Kirche hatte als Arbeitgeber ein Problem. Als sich der Berliner Krankenhauspfarrer Heinz Brink ebenfalls »outete«, wurde er nicht gemaßregelt, aber er hatte auch ein Sonderpfarramt inne und keine Gemeindepfarrstelle – homosexuell und Gemeindepfarrer zu sein war, wie der spätere »Fall« Klaus Brinker zeigen sollte, wesentlich anstößiger.

Zum innerkirchlich wichtigsten Akteur an der Basis in Westdeutschland wurde seit 1977 die Initiative »Homosexuelle und Kirche« (HuK). Zu dieser Zeit war Homosexualität in der Gesellschaft durch Initiativen außerhalb der Kirche sichtbar geworden, die sich unter die »Neuen Sozialen Bewegungen« verrechnen lassen, also einen allgemeinen Aufbruch in der Gesellschaft widerspiegeln, der in anderen Bereichen auch schon stark auf die Kirche einwirkte, etwa in Form der Protestbewegung gegen den Bau von Atomkraftwerken.

Die HuK entstand im Umkreis der 1974 in West-Berlin gegründeten und heute noch existierenden »Allgemeinen Homosexuellen Arbeitsgemeinschaft Berlin e.V.« (AHA), die 1977 mit einem Informationsstand auf dem Markt der Möglichkeiten des Berliner Kirchentages vertreten sein wollte, was aber mit der Begründung abgelehnt wurde, sie habe sich zu spät angemeldet. Als sie beim Stand der »Christen für den Sozialismus« unterkam, wäre sie fast von der Hallenleitung herausgeworfen worden. Aus den Reihen der AHA kamen Berichte homosexueller Männer und Frauen, die 1978 unter dem Titel »Ins Ghetto gedrängt« von dem Leiter des Diakonischen Werkes Berlin, Hans Georg Jäkel, veröffentlicht wurden. Jäkel verfolgte mit dem Buch ein aufklärerisches Ziel in einer Zeit, die immer noch von Angst vor Entdeckung auf der einen und Schwulenhass auf der anderen Seite geprägt war. Zugleich sollte das Buch »helfen, mit der Aufarbeitung eines alten Versäumnisses einer Schuld der Kirche zu beginnen«: Homosexualität lasse sich nicht erklären, und Homosexuelle würden sich nicht anders verhalten können, als sie es täten. Darum müssten sie angenommen werden. Die AHA steuerte zu den Lebensberichten Antworten auf Fragen bei (z. B. »Ist Homosexualität angeboren?«).

Der Evangelische Kirchentag in Berlin 1977 war das Gründungsdatum der HuK, die aus der AHA hervorging und die von Anfang an eine ökumenische Initiative war. Federführend war bei der Gründung wie in den ersten Jahren Heinz Brink, und die HuK selbst war erst einmal ein »Arbeitskreis« ohne feste Organisationsformen. 1978 hatte die Gruppe 71 Mitglieder, im Februar 1979 waren es 101. Am Anfang gab es auch Diskussionen über den Namen: Bei einem ersten überregionalen Treffen vom 15. bis 18. Juni 1978 in Frankfurt stand die alternative Bezeichnung »Homosexualität und Kirche« zur Debatte. Der Name »Homosexuelle und Kirche« setzte sich letztlich durch, weil es um Menschen, nicht um eine Sache gehen sollte. Der Name sollte aber 1981 zu einem ganz eigenen Problem werden, als sich die »Haftpflicht-Unterstützungs-Kasse kraftfahrender Beamter Deutschlands« (HUK) bei der HuK beschwerte und die Unterlassung des Gebrauchs der Abkürzung verlangte, um »unnötige Mißverständnisse und Verwechslungen« zu vermeiden. Die HuK lehnte das ab und konnte ihren Namen behalten.

1978 existierten Regionalgruppen in Berlin, Frankfurt und Tübingen, die durch einen Sprecher vertreten wurden. Weitere Regionalgruppen wurden in Koblenz und Düsseldorf, dann auch in Norddeutschland gegründet, mit freilich sehr weiter regionaler Streuung der Mitglieder. Die Regionalgruppen entfalteten in der Folgezeit unterschiedliche Aktivitäten. Die Gesamtgruppe wurde durch ein »Dreiergremium« repräsentiert, das aus Heinz Brink, Benno Schnatz und einem »Jochen« bestand, der seinen Nachnamen und seine Adresse anonymisierte. Die HuK veröffentlichte regelmäßig ein »Info«-Blatt, das anfangs von Benno Schnatz in Berlin redigiert wurde (Schnatz trat 1979 aus der HuK aus). Das nächste überregionale Treffen nach dem in Frankfurt sollte in Tübingen stattfinden, was aber daran scheiterte, dass das in Aussicht genommene kirchliche Tagungshaus keine Kapazitäten zu dem geplanten Termin mehr frei hatte – so jedenfalls die Antwort des zuständigen Pfarrers Jantzen. Das Treffen fand dann vom 8. bis 10. Dezember 1978 in Berlin statt. Hier stand die Beteiligung auf dem Nürnberger Kirchentag 1979 ganz obenan. Kurz meldete sich 1978 im »HuK-Info« auch ein »Arbeitskreis Pädophilie« zu

Wort, der für die Straffreiheit von Kindesmissbrauch warb: »Wir gehen von der Möglichkeit einer Beziehung zwischen Erwachsenen und Kindern aus, die geprägt ist von der Gleichberechtigung beider Partner.« Das Thema »Pädophilie« beschäftigte die HuK noch lange; erst 1997 distanzierte man sich nach langen Auseinandersetzungen endgültig davon.

Öffentlich trat die HuK 1978 mit einem Informationsstand auf der Berliner »Sommerkirche« in Erscheinung, auf der auch ein Flugblatt mit dem Titel »Es gibt viele homosexuelle Christen« verteilt wurde. Darin wurde das Anliegen der Gruppe vorgestellt: »Endlich sollen homosexuelle Christen als voll anerkannte Mitarbeiter und Gemeindeglieder am Leben der Kirche teilnehmen«, denn: »Homosexualität ist keine Krankheit [...], sondern Teil der einen Sexualität, die allen Menschen in der guten Schöpfung Gottes zuteil geworden ist.« Bei der Sommerkirche handelte es sich um einen städtischen Kirchentag, der als Etappe zwischen den Kirchentagen in Berlin 1977 und Nürnberg 1979 gedacht war. Im Mittelpunkt der Arbeit stand zu dieser Zeit die Information und Aufklärung durch das Flugblatt sowie eine »Kurzinformation über die Arbeitsgruppe Homosexuelle und Kirche«, außerdem wollte man mit Standbesuchern ins Gespräch kommen. Das Hauptziel war das Werben um die Anerkennung einer gleichberechtigten Teilhabe in Kirche und Gesellschaft. Einzelne Ziele bestanden darin, »die Solidarität homosexueller Christen zu stärken, ihnen Mut zu machen, sich in die Gemeinden zu integrieren, darauf hinzuwirken, dass Homosexuelle in der Seelsorge nicht länger wie Kranke behandelt werden, für die Interessen homosexueller Christen im kirchlichen Bereich einzutreten, die kirchliche Öffentlichkeit besser über die Probleme schwuler Christen zu informieren, Homosexualität theologisch aufzuarbeiten«. Im

September 1978 kam es zu einem »Katholikentreffen« in Koblenz, wobei katholische Mitglieder in dieser Zeit noch keine große Rolle spielten.

Ein sehr aktives Mitglied der HuK war der Düsseldorfer Pfarrer, Psychologe, Sexualberater und Buchautor Hans-Georg Wiedemann, der sich 1978 im Deutschen Pfarrerblatt zu Wort meldete, dem Organ der Deutschen Pfarrervereine mit einer zahlenmäßig großen Leserschaft. »Angenommene (Homo)Sexualität« hieß sein Beitrag im Märzheft 1978, und dieser Beitrag war informativ angelegt: Die Kirche solle »die Weiträumigkeit und Vielfalt menschlicher Sexualität sehen«, Homosexualität wie Heterosexualität gehörten zu der einen Sexualität des Menschen, Homosexualität dürfe nicht »ausgeredet« werden, und die Bibel sage nichts Substanzielles zum Thema, da an den üblicherweise angeführten Stellen nirgendwo von Liebe und Zuneigung die Rede sei, »sondern nur von Praktiken genitalsexueller Art im Zusammenhang mit religiösen Kulten«.

Eine besondere Rolle spielte Helmut Gollwitzer, damals ein bekannter, an der Freien Universität Berlin lehrender »linker« Theologe, der zu Toleranz und Entkriminalisierung geraten hatte. Heinz Brink wandte sich im Mai 1978 an Gollwitzer und bezog sich auf dessen Auslegung des Hohen Liedes: »Viele Hoffnungen Homosexueller knüpfen sich so an Ihr Büchlein. Sind sie berechtigt? – Sie betonen in auffallender Weise die Andersgeschlechtlichkeit der Sexualpartner.« Brink bat Gollwitzer um eine Stellungnahme und um die Beantwortung der Frage, ob er die Abwertung der Homosexualität durch Karl Barth teile. Gollwitzer wiederum bat in seiner Antwort um Nachsicht für das Versäumnis und verwies auf seine Bibelarbeit beim Berliner Kirchentag zum Hohen Lied, wo er gesagt hatte: »Die homosexuellen Schwestern und Brüder, die, die vielleicht jetzt unter uns sind, werden ihre Probleme im Folgenden nicht berücksichtigt finden, weil eben im Hohenlied nur von heterosexueller Liebe die Rede ist. Ich bitte um Verständnis, daß wir jetzt nicht die Zeit haben, auf Ihre besonders gelagerten Fragen auch noch einzugehen.«

Gollwitzers Antwort blieb zurückhaltend. Zwar ließen sich Sätze aus seinem Buch auch auf die homosexuelle Erotik übertragen, doch gebe es »differente Fragen, die dann gesondert behandelt werden müssen«, was er den »Beteiligten« überlassen wolle, »und ein so gänzlich heterosexuell fühlender Mensch wie ich kann dabei höchstens mitarbeiten«. Brink solle sich an die evangelischen Ethiker wenden. Gollwitzer war es dann aber auch, der vier Jahre später sehr kritisch zur Entlassung des Hannoveraner Pfarrers Klaus Brinker Stellung nahm, u. a. mit dem Argument, dass die Kirchenleitung eine menschliche Tradition zum kirchlichen Bekenntnis erhebe. Die Maßregelung und schließlich Entlassung von Brinker führte in der HuK zu einer starken Solidarisierung und war ein Kristallisationspunkt des öffentlichen Interesses an der Sache, die die HuK vertrat.

Die mit großer Hoffnung erwartete und geplante Teilnahme am Nürnberger Kirchentag im Jahre 1979 wäre fast gescheitert, jedenfalls was die Präsenz auf dem »Markt der Möglichkeiten« anging. Heinz Brink hatte 1978 einen Standplatz beantragt, der Antrag war aber von der Kirchentagsleitung abgelehnt worden mit Verweis auf »die Überlegung, daß der Markt angesichts seiner Struktur und seiner Fülle nicht hinreichend in der Lage ist, differenzierten und notwendigerweise ausführlichen Argumentations- und Meinungsbildungsprozessen die dafür erforderlichen äußeren Bedingungen einzuräumen; dafür fehlen auf dem Markt, kurz gesagt, Raum, Zeit und Ruhe«.

Stattdessen, so hieß es 1978, solle Brink in der Arbeitsgruppenleitung des Themenbereiches »In der Liebe bleiben« mitarbeiten, außerdem sollten »die Möglichkeiten des Einsatzes von Mitarbeitern Ihrer Gruppe für die Einzel- und Gruppenberatung im Seelsorge- und Beratungszentrum des nächstjährigen Kirchentages« vorbereitet werden. Brink akzeptierte diese Vorschläge, protestierte aber gegen den Ausschluss aus dem Markt der Möglichkeiten und verwies auf die positiven Erfahrungen auf dem Markt der Möglichkeiten des Berliner Kirchentages und bei der Berliner »Sommerkirche«. Brink problematisierte den Verweis auf die Seelsorge, da es »auch um die vorurteilsfreie Integration der Homosexuellen in unsere Kirche und Gemeinden gehe«: »Überproportional viele homosexuelle Kirchenmitglieder sind bereits aus der Kirche ausgetreten! Soll das so weitergehen?«

Brink versuchte, Sympathisanten für sein Anliegen zu gewinnen, so auch den Bayrischen Landesbischof Johannes Hanselmann. Er korrespondierte auch mit Oberkirchenrat Hermann Greifenstein, der sich ablehnend zur Teilnahme der HuK am Markt der Möglichkeiten geäußert hatte, und problematisierte auch hier den Verweis auf die Seelsorge: »Eine kirchliche Seelsorge kann nur dann Erfolg haben, wenn die Kirche die Stigmatisierung der Homosexuellen beendet und das auch öffentlich kundtut: Sonst kommt nämlich keiner zur Seelsorge!«

Auch andernorts machten kirchliche Initiativen von Homosexuellen schlechte Erfahrungen: Der Initiative HSH (Homosexuelle Hannovers) wurde die Teilnahme am Tag der Landeskirche in Hannover im Juli 1978 verweigert. Als die Gruppe dennoch ihren Stand aufbaute, machte sie ernüchternde Erfahrungen mit dem Publikum: »Da waren so viele stark biblizistisch ausgerichtete junge Leute, die ganz sicher waren, daß Homosexualität widerchristlich ist, vom Teufel eingegeben und Dämonenwerk.« Auf Ablehnung stieß auch eine Initiative in der Evangelischen Studentengemeinde (ESG) Tübingen, die sich 1976 gründete. Die ESG wurde von der Kirchenleitung aufgefordert, sich von dieser Initiative zu distanzieren.

Schließlich wurde die Teilnahme der HuK auf dem Markt der Möglichkeiten des Nürnberger Kirchentags 1979 doch noch erlaubt, obwohl Oberkirchenrat Greifenstein weiterhin versuchte, die Einladung zu hintertreiben: »Die Entwicklung des Problems Homosexuelle auf dem Kirchentag muß Besorgnis erregen.« Greifenstein konnte sich auf ein Veto des Landeskirchenrates gegen die Teilnahme der HuK am Markt der Möglichkeiten berufen. Als ein kritischer Artikel über ihn in der »Frankfurter Rundschau« erschien, versuchte Greifenstein sich zu verteidigen und sah die »positiv kirchlich-seelsorgerliche Tendenz« seiner Äußerungen völlig verkannt. Ausschlaggebend waren letztlich die Voten der anderen auf dem Markt der Möglichkeiten vertretenen Gruppen, die eine Teilnahme der HuK unterstützten. Befürchtet wurden nun vonseiten der Kirchentagsleitung, namentlich von dem zuständigen Studienleiter beim Kirchentag, Harald Uhl, Proteste während des Kirchentages und »Solidarisierungsaktionen mit hoher publizistischer Wirkung«.

Im Vorfeld des Kirchentages war es zu einem Eklat gekommen, weil der Präsident des Kirchentages, Klaus von Bismarck, Helmut Kentler auslud, der für die HuK an einer Podiumsdiskussion zum Thema »Homosexualität und Evangelium« teilnehmen sollte. Kentler, Professor für Sonderpädagogik an der Universität Hannover, war zu dieser Zeit als Vertreter einer »emanzipatorischen« Sexualpädagogik sehr bekannt (später wurde ihm die Verharmlosung und Förderung sexuellen Missbrauchs vorgeworfen). Von Bismarck begründete sein Vorgehen mit der Gefahr, »daß zu den Spannungen um das emotional stark besetzte Thema derart starke Kontroversen um Ihre Person hinzukommen - die mit den Auseinandersetzungen aus der Zeit ihrer Tätigkeit in Bayern zusammenhängen -, daß ein weiterführendes Gespräch nicht möglich ist«.

Kentler war brüskiert, zumal wegen der Anspielung auf seine Tätigkeit in Bayern: »In den Jahren 1962 bis 1965 war ich wissenschaftlicher Mitarbeiter im Studienzentrum für evangelische Jugendarbeit in Bayern. Ich erinnere mich nicht, daß es in dieser Zeit Auseinandersetzungen um meine Tätigkeit gegeben hat.« Kentler vermutete, das Präsidium des Kirchentages sei unter Druck gesetzt worden, und drohte, die Sache öffentlich zu machen: »Was soll ich den Journalisten antworten, die mich nach den Gründen fragen?« Schließlich wurde Kentler vom Kirchentagspräsidium ausdrücklich gebeten, an der Podiumsdiskussion teilzunehmen. Die Intervention, die Kentler vermutete, kam von Oberkirchenrat Greifenstein, der in einem Eilbrief vom 8. Mai 1979 Harald Uhl unter »PS« geschrieben hatte: »Es wäre uns in Bayern eine große Erleichterung, wenn Herr Dr. Kendler [sic!] gebeten werden könnte, nicht an diesem Podium mitzuwirken. Sein letzter Fernsehauftritt hat eine Menge Gemeindeglieder mit Recht verschreckt.«

Insgesamt war es schwierig, überhaupt Teilnehmer (Frauen waren nicht vorgesehen) für das Podium zu gewinnen; viele, die gefragt wurden, erklärten sich für inkompetent in der Sache oder entschuldigten sich mit Terminschwierigkeiten. Als die Veranstaltung dann tatsächlich stattfand, wurde sie von rund 4.000 Menschen besucht. Kentler plädierte hier für eine Gleichberechtigung von Homosexuellen. Zugleich mit der HuK beteiligten sich die »Schwulengruppe Fliederlich« (heute:

Fliederlich e. V. in Nürnberg) und ebenso die »Theatergruppe Brühwarm« (Corny Littmann und Rio Reiser) mit einem eigenen Programm, das nicht Teil des offiziellen Kirchentagsprogramms war.

Auf dem Hamburger Kirchentag 1981 war die HuK ungehindert auf dem Markt der Möglichkeiten präsent. Nach wie vor waren die Vertreter der HuK auch als Seelsorger gefragt. An einer Podiumsdiskussion beteiligten sich Klaus Brinker und Helmut Kentler, und in der Stephanuskirche in Eimsbüttel fand ein Gottesdienst der HuK statt. In einer Presseerklärung trat die HuK »Für das Recht auf Homosexualität – auch in der Kirche« ein, in der sie sich auch auf 5.200 Unterschriften berief, die auf dem Kirchentag für eine Resolution gesammelt worden waren. Auf dem Hamburger Kirchentag wie auch sonst musste die HuK aber auch wieder die Erfahrung machen, dass Evangelikale und vor allem Mitglieder des Weißen Kreuzes die Präsenz auf ihre Art wahrnahmen. Die »Konferenz Bekennender Gemeinschaften in den evangelischen Kirchen Deutschlands« veröffentlichte 1981 ein Grundsatzpapier mit dem Titel »Biblische Seelsorge an Homosexuellen« mit den geläufigen Argumentationsfiguren: Die eigentliche Ursache der Homosexualität läge in einem gestörten Gottesverhältnis.

Auf den weiteren Kirchentagen war die HuK immer vertreten. Sie bekam durch die Kirchentagsleitung immer größere Anerkennung und wachsende Zuständigkeiten übertragen. Das führte in den 1990er Jahren zum Gefühl einer Überforderung und Überlastung, da die personellen Ressourcen begrenzt waren. Das Themenfeld Sexualität unter Einschluss der Homosexualität wurde nun aber ein wichtiger Bestandteil der Kirchentage.

Vom 23. bis zum 25. Oktober 1981 fand eine Mitgliederversammlung der HuK in München statt, die von einigen als Konsolidierung verstanden wurde. Hier wurden auch ein Satzungsentwurf und die Eintragung ins Vereinsregister diskutiert. Dazu kam es lange nicht, denn der Versuch einer Eintragung beim Amtsgericht Marburg durch einen der HuK angehörenden Juristen scheiterte, und dazu trugen Stellungnahmen bei, die durch das Gericht von der Evangelischen Kirche von Kurhessen-Waldeck und dem Bischöflichen Generalvikariat in Fulda eingeholt worden waren. Die Eintragung ins Vereinsregister gelang erst 1985 in Nürnberg. Ein mühsames Unterfangen stellte dann noch die Anerkennung der Gemeinnützigkeit dar.

Allerdings sahen nicht alle die »Konsolidierung« als wünschenswert an. Vielmehr verfassten Mitglieder der Regionalgruppen Tübingen und Hamburg einen Brief und luden zu einem Treffen radikaldemokratischer und sozialistischer Christen in der HuK ein, da die HuK drohe, zu einem Verein zu werden, »in dem sich einerseits die Mitglieder auf sich selbst zurückziehen und individuelle Spiritualität auf homosexuellem Nährboden pflegen und andererseits Aktivität vorgetäuscht und Energie verpulvert wird«. Der Vorwurf an die Führung der HuK lautete, sie bevorzuge eine »Strategie, die den Kirchenleitungen einen chemisch gereinigten Homosexuellen, der in einer eheähnlich geprägten Partnerschaft lebt, andient. [...] Pädos, SM'ler, Parkgänger, Effeminierte usw. – also alles real existierende Homosexuelle – sind ihnen nicht genehm.«

Hier lag tatsächlich ein erhebliches Spannungsfeld, das sich in der gesamten Schwulen- und Lesbenbewegung bemerkbar machte und später noch Auswirkungen auf die Frage einer Angleichung von gleichgeschlechtlichen Beziehungen an die Ehe haben sollte. Nicht alle wollten ja die »Homo-Ehe«, die auch als Gleichschaltung mit heterosexuellen Normen und als Verlust sexueller Freiheit interpretiert werden konnte. Ebenso wie unter Heterosexuellen gab es natürlich auch unter Homosexuellen eine ganze Bandbreite von Lebensformen und Lebensweisen und auch sexuellen Vorlieben, die problematisch wirkten, wenn sie an die Öffentlichkeit kamen und das Anliegen der Integration zu stören schienen. Problematisch waren also »Tunten«, die sich »weibisch« gaben, aber auch Sadomasochisten, zumal wenn sie in Naziuniformen auftraten. »Pädophile« allerdings konnten sich in der gesamten Schwulenbewegung mit ihrem »sanften« Programm« lange halten.

Gleichzeitig machte sich auch bemerkbar und wurde als Defizit vermerkt, dass die HuK stark von Männern geprägt war. Weitere Themen waren die Auseinandersetzung mit den Evangelikalen und die Frage schwuler Spiritualität. An den Evangelikalen sollte man sich länger abmühen. Zuständig für den Kontakt zu ihnen war in der HuK Friedhelm Lange, der in Leserbriefen um Verständnis warb, gegen Vorurteile in der evangelikalen Szene protestierte und mit dem Weißen Kreuz, der Evangelischen Allianz, dem CVJM und anderen Verbänden in eine Korrespondenz einzutreten versuchte, hier aber nur auf Ablehnung stieß. Lange leitete in der HuK einen Arbeitskreis Evangelikale, wo er das faktisch Unvereinbare zu vereinen suchte; dieser 1983 gegründete Arbeitskreis löste sich schon 1987 wieder auf. Lange schrieb in einem Brief nach der Auflösung, es gebe in der HuK noch »eine ganze Reihe (ehemaliger) Evangelikaler«. Aus dem Arbeitskreis kam eine Broschüre »Evangelikal und Homosexuell«, die innerhalb der HuK sehr kritisch gesehen wurde, was sich in etlichen Artikeln im »HuK-Info« 1987 und 1988 niederschlug. Das Erscheinen der Broschüre bedauerte man weithin, da die Autoren sich zu sehr auf die evangelikale Argumentation eingelassen hätten: Angestrebt wurde nämlich eine »zweite Bekehrung«, die aus einem Schwulen einen von Gott geliebten Schwulen machen sollte. Die Broschüre galt innerhalb der HuK als viel zu defensiv. Horst Gorski, zu dieser Zeit Gemeindepfarrer in Hamburg, später Propst und heute Leiter der Kirchenverwaltung der VELKD, nannte es eine Sackgasse, auf die biblischen Argumente der Evangelikalen einzugehen, zumal wenn diese die biblischen Gegenargumente nicht akzeptierten. Letztlich distanzierte sich der Vorstand (Sprecherrat) der HuK von der Broschüre, die unter Zeitdruck zustande gekommen und veröffentlicht worden war.

Die Frage der »Beratung« Homosexueller wanderte an die kirchlichen Beratungsstellen zurück. 1978 hatte die »Homosexuelle Interessengemeinschaft Düsseldorf« mit der Evangelischen Hauptstelle für Familien- und Lebensberatung der Rheinischen Landeskirche in Düsseldorf Kontakt aufgenommen und nachgefragt, ob jemand an einem Wochenendseminar mitarbeiten könne. Der weitere Fortgang ist nicht dokumentiert, aber der Zusammenhang der Initiativen von Homosexuellen im kirchlichen Raum und der Frage der Beratung lockerte sich, auch wenn man vonseiten der Kirchentagsorganisation immer noch meinte, beraten zu müssen: Als 1991 der Kirchentag im Ruhrgebiet veranstaltet wurde, beschloss der Projektausschuss »Beratung und Seelsorge«, auf dem Markt der Möglichkeiten (der dann in Essen stattfand) zwei Beratungsplätze in der Nähe von »Krisenbereichen« einzurichten, »z. B. bei den Bereichen der Homosexuelleninitiativen oder der Lebensschützer, da es erfahrungsgemäß dort zu persönlichen Krisen einzelner Besucher kommen kann«. In der Beratungsstatistik zum Kirchentag (auf dem Markt der Möglichkeiten wurden 190 Einzelberatungen registriert) tauchen Homosexuelle dann nicht auf, allerdings wurden sie über den Statistikbogen auch nicht gesondert erfasst. Dies war auch auf dem Kirchentag in Berlin 1989 so gewesen. Auf dem Kirchentag in München 1993 wurde dann aber auch eine Kategorie »mit Partnerin« bzw. »mit Partner zusammenlebend« eingeführt, was sich ausdrücklich auf gleichgeschlechtliche Paare bezog. So stellte sich heraus, dass 4 % der Ratsuchenden Teil einer gleichgeschlechtlichen Partnerschaft waren.

VII. Sexueller Nonkonformismus im Einheitsstaat: Die Entwicklung in der DDR

In der DDR war der § 175 StGB schon 1957 dadurch entschärft worden, dass staatlicherseits auf eine Einstellung aller Verfahren gedrängt wurde. Durch eine Strafrechtsreform wurde 1968 dann der § 175 StGB aufgehoben. Allerdings wurden nun in einem anderen Paragrafen (§ 151 StGB) sexuelle Handlungen von Erwachsenen mit Jugendlichen gleichen Geschlechts unter Strafe gestellt. Hier war also implizit auch die Strafverfolgung von lesbischen Frauen ermöglicht, wobei das in der Rechtspraxis keine Rolle spielte. Der § 151 wurde 1988 wieder gestrichen, nachdem schon 1987 die allgemeinen Vorschriften des Jugendschutzes diesem Paragrafen vorgeordnet worden waren.

In der Sexualwissenschaft der DDR herrschte wie in der Bundesrepublik lange eine pathologisierende Tendenz im Blick auf Homosexuelle vor; das Buch von Kurt Freund stellte eine Ausnahme dar, das von Siegfried Klimmer durfte in der DDR ja gar nicht erscheinen. In Millionenauflage verbreitet war der Ratgeber »Mann und Frau intim« des Sexualwissenschaftlers Siegfried Schnabl, das 1969 in erster Auflage erschien und bis 1990 18 Auflagen erlebte. Im zehnten und letzten Kapitel handelte Schnabl die Homosexualität des Mannes und der Frau ab. Zwar bezeichnete Schnabl die Homosexualität nicht als Krankheit, sondern als Variante der Sexualität, doch fragte er auch nach Ursachen der Homosexualität und brachte biologische (oder biologistische) Ursachen ins Spiel. Zum Beleg der Annahme einer anlagebedingten Homosexualität führte er hirnphysiologische Experimente mit Ratten an, die auf Hormonstimulationen basierten. So hielt er Hormonbehandlungen von Schwangeren für möglich, falls das Risiko späterer Homosexualität bei ungeborenen Kindern bestehe (das also durch endokrinologische Untersuchungen während der Schwangerschaft diagnostiziert werden sollte).

Einen ähnlichen Erklärungsansatz – freilich nicht im Habitus des Sexualaufklärers, sondern als Forscher – verfolgte Günter Dörner, der sich also wie Schnabl an einer endokrinologischen Ableitung der Homosexualität versuchte. Daraus ließen sich verschiedene Folgerungen ziehen: zum einen, dass Homosexualität vorgeburtlich durch Hormongaben »geheilt« werden könnte, zum anderen, dass sie schon vorgeburtlich vorhanden war und nicht durch frühkindliche Störungen, Perversion oder Sünde erklärt werden musste. Eben darum stellte Dörner den Antrag bei der Weltgesundheitsorganisation, Homosexualität nicht mehr als psychische Erkrankung (mental disorder) zu klassifizieren. Dörners Versuche, sich seinen Kritikern zu erklären, machten die Sache nicht besser, wenn er von Homosexualität als einer »neuroendokrinen Missbildung« sprach. Letztlich stand er als schwulenfeindlicher Biologist da, als »Ratten-Dörner«, der von Ratten auf Menschen schließen wollte.

Speziell mit dem Thema Homosexualität befasste sich Reiner Werner in seinem 1987 erschienenen Buch »Homosexualität. Herausforderung an Wissen und Toleranz«, das auch für die weitere Verbreitung gedacht war. Werner war Professor für Forensische Psychologie an der Humboldt-Universität zu Berlin. Hier wurde auch die weibliche Homosexualität behandelt und von männlicher abgegrenzt: »Die Lesbizität ist bezüglich ihrer historischen Bewertung, ihres Rollenverständnisses und auch ihrer generellen moralisch-ethischen Bewertung mit der männlichen Homosexualität nur bedingt vergleichbar.« So enthielt das Buch auch ein kurzes Kapitel über weibliche Homosexualität oder »Lesbizität« - das Wort hatte Werner erfunden. Dass Homosexualität auch in der DDR mit Nachteilen verbunden war, verschwieg Werner nicht, und er zitierte in der Einleitung ausgerechnet einen Theologiestudenten, der als »Betroffener« nicht Pfarrer werden könne. Im weiteren Verlauf machte Werner »christliche Praktiken, unbefugte Machtausübungen und Machtmißbräuche aller dem Sozialismus vorangegangenen Gesellschaftsepochen« als Grund für die Verteufelung der Homosexualität aus. Und, so Werner an anderer Stelle: Es gehe auch darum, antihumanistische kirchliche Dogmen aufzuheben.

Dass das Buch keineswegs nur aufklärerische Zwecke verfolgte, war in dieser Einleitung also erkennbar, und Werner selbst zitierte kritische Anfragen, nach denen er »Schwule zur Stabilität ihrer Partnerbeziehungen hinsozialisieren« wolle. Werner bekannte sich auch zu diesem Ziel und untermauerte sein Interesse u. a. mit der Verbreitung von AIDS durch homosexuelle Promiskuität. Homosexualität mochte eine unabänderliche Anlage sein, aber sie konnte nicht von der Integration in die sozialistische Gesellschaft dispensieren. Letztlich wurden Homosexuelle von Werner als lebensuntüchtige Außenseiter angesehen, die mit ein wenig Zwang in die Gesellschaft eingefügt werden müssten. Dazu sollten staatliche »Konsultationszentren« dienen oder auch Gesprächsgruppen. Homosexuellen sollten gemeinsame Wohnungen zugewiesen werden können (nämlich durch die staatliche »Wohnraumlenkung«), wenn sie schon länger eine feste Bindung eingegangen waren. Einer Eheschließung von Homosexuellen erteilte Werner eine klare Absage, da es an einem harmonischen Familienleben mit Kindern fehlen werde. Denkbar sei allenfalls ein notarieller Rechtsakt. Die Integration Homosexueller war eben ein »komplexes gesellschaftlich-soziales Anliegen«, dessen Ziel ihre Einfügung in den allgemeinen Konformismus war. Emanzipation war nicht gefragt. Werners Buch wurde von der SED-Diktatur ausdrücklich als staatliche Maßnahme angesehen.

Parallel zu solchen ideologisch motivierten Integrationsversuchen war in den 1980er Jahren aber auch in der DDR eine Öffnung für das Thema Homosexualität festzustellen, die freilich politisch gelenkt war und natürlich in Beziehung zu der Entkriminalisierung der Homosexualität stand. Das bedeutete noch nicht, dass Schwule und Lesben auch gesellschaftlich akzeptiert waren. Die Mentalitäten änderten sich erst langsam, und politisch war eine Selbstorganisation ohnehin nicht erwünscht, wie ein Beschluss des Ministerrates im Jahre 1979 deutlich machte: »Organisationen von Homosexuellen werden nicht gestattet, um Jugendliche, die noch schwanken, […] zu bewegen, sich für die bessere (heterosexuelle) Seite zu entscheiden.« Bei dieser Haltung blieb es im Wesentlichen auch in den 1980er Jahren.

Die Evangelische Kirche in der DDR als Institution reagierte langsamer als die in der Bundesrepublik auf das Thema Homosexualität. Als es zu Beginn der 1980er Jahre unübersehbar wurde, war die Frage der Friedensethik viel drängender, denn unter dem viel zitierten Dach der Kirche hatte sich auch eine staatsunabhängige Friedensbewegung eingefunden, über die es zwischen Staat und Kirche immer wieder zu Konflikten kam: Die Kirche konnte sie nicht einfach abstellen, wie der Staat es wollte, sie konnte sich aber auch nicht eindeutig mit ihr solidarisieren, weil das den Konflikt mit dem Staat noch verstärkt hätte. Anders als im Blick auf die Friedensethik war die Urteilsbildung im Blick auf das Thema Homosexualität auch schwieriger, da es lange tabuisiert war.

Einen ersten Anfang in der kirchlichen Öffentlichkeit machte 1980 der Briefberatungsdienst des Amtes für Gemeindedienst in Leipzig. Er äußerte sich dahingehend, dass Homosexualität keine Krankheit sei und Homosexuelle auch kein Mitleid bräuchten. Der Briefberatungsdienst stellte seine Arbeit in der sächsischen Kirchenzeitung »Der Sonntag« vor und warb um die Akzeptanz für Homosexuelle, da ihre Veranlagung ihnen keine Wahl lasse. Kritische Leserbriefe zur Sache von evangelikaler Seite veranlassten dann die Redaktion des »Sonntags«, sich inhaltlich zu distanzieren, um dem Verdacht zu entgehen, sie teile die Position des Briefberatungsdienstes. Andererseits verteidigte sie dessen Tätigkeit, das allerdings mit der theologischen Begründung, er würde sich um die Sünder kümmern – davon war in den Beiträgen des Briefberatungsdienstes überhaupt nicht die Rede gewesen. Wohl typisch für die ablehnenden Reaktionen aus der Leserschaft war die Zuschrift eines pensionierten Pfarrers, der Homosexualität für heilbar hielt und der sich daran erinnerte, 1979 in einer Sendung über den Kirchentag in Nürnberg das öffentliche Bekenntnis eines Pfarrers zu seiner Homosexualität gesehen zu haben – die Aktivitäten der HuK strahlten also medial sogar bis nach Sachsen aus.

Ein wichtiger Auslöser für die Weiterentwicklung der Debatten war ein Artikel in der Berliner Kirchenzeitung »Die Kirche«, den der Studienleiter der Evangelischen Akademie Berlin-Brandenburg Manfred Punge verfasst hatte und der am 6. März 1983 erschien. Die kirchliche Öffentlichkeit – soweit davon unter den Bedingungen der SED-Diktatur geredet werden kann - bildete das Lesepublikum dieser und anderer Kirchenzeitungen. Als der Schriftsteller Olaf Brühl im April und Mai 1985 eine Artikelserie in der Mecklenburgischen Kirchenzeitung veröffentlichte, sorgte dies für innerkirchliche Kontroversen und für erhöhte Aufmerksamkeit der Staatssicherheit.

Punges Artikel sowie die darauf folgenden Debatten bildeten sich auch in anderen Kirchenzeitungen ab, z. B. in der Thüringischen »Glaube und Heimat«. Punge hatte mit seinem Artikel von 1983 auf scharf ablehnende Reaktionen in der Folge einer Tagung geantwortet, die die Berlin-Brandenburgische Akademie im Februar 1982 zum Thema Homosexualität veranstaltet hatte. Punge führte diese Ablehnung auf eine allgemeine christliche Leib- und Lustfeindlichkeit zurück. In seinem Artikel ging er auf die gängigen Argumentationsfiguren ein (Homosexualität als Laster, als Folge von Verführung, als Verstoß gegen die Schöpfungsordnung, als durch die Bibel verboten) und stellte ihnen seine Sicht der Dinge gegenüber: Homosexualität ist nicht veränderbar, sie ist nicht durch Verführung zu erzeugen, und sie ist eine Variante innerhalb der Schöpfung Gottes. Was die üblicherweise angeführten Bibelstellen anging, an und mit denen Homosexualität abgelehnt wurde, las Punge sie als allein religiös-kultische Bestimmungen, wie es außerhalb evangelikaler Kreise üblich war. Somit plädierte er dafür, Homosexualität weder als Krankheit noch als Perversion anzusehen, sondern als eine »gleichberechtigte, vollwertige Kommunikationsmöglichkeit«. Nicht die Richtung der Liebe und Sexualität sei das Thema, sondern ihre Qualität: »Wie intensiv, wie aufrichtig, wie verantwortlich wird eine Partnerschaft gestaltet?«

Der eigentlich entscheidende Anlass für eine Intensivierung der Debatte war aber die Tagung, die die Berlin-Brandenburgische Akademie im Februar 1982 unter dem Titel »Kann man darüber sprechen? Homosexualität als Frage an Theologie und Gemeinde« veranstaltet hatte. Der Tagungsort war das Sprachenkonvikt (also die Kirchliche Hochschule) in Ost-Berlin. Die Leiterin der Akademie, Elisabeth Adler, eine in der Ökumenischen Bewegung sehr engagierte Frau, war 1981 von einem »Betroffenen« auf das Thema angesprochen worden und hatte zusammen mit dem Studienleiter Manfred Punge diese Tagung geplant. An ihr nahmen auch einige Interessierte aus Leipzig teil. Sie zeigte, dass man darüber sprechen konnte und auch sprechen musste, vor allem, wenn »Betroffene« selbst anwesend waren. Mit dieser Tagung kam das Thema in der DDR zum ersten Mal wirklich in die kirchliche Öffentlichkeit.

Die Tagung führte zur Bildung von Gesprächs- und Arbeitskreisen an mehreren Orten. Punge rief z. B. zu Treffen in Berlin auf. Daraus entstand der »Gesprächskreis Homosexualität« im Arbeitsbereich Lebens- und Familienhilfe der Inneren Mission, der sich am 13. April 1982 zum ersten Mal traf. Der Einzugsbereich des Berliner Gesprächskreises reichte weit über Berlin hinaus. Er zog 1987 von der St.-Philippus-Apostel-Gemeinde (die heute in einen größeren Gemeindeverband eingegangen ist) in die Evangelische Advent-Kirchengemeinde am Prenzlauer Berg (heute Advent-Zachäus). Dies war von Peter Birmele und seinem Mann Volker Gasser, die dort kirchlich beheimatet waren, initiiert worden. Birmele hatte aufgrund seiner Homosexualität nicht Pfarrer werden können und war zum Aufbau-Verlag gegangen.

Kurz vor der Gründung des Berliner Gesprächskreises, also ebenfalls 1982, hatte sich in der Folge der Tagung in Berlin an der Leipziger Evangelischen Studentengemeinde (ESG) ein Arbeitskreis Homosexualität gegründet. Eine Vorläuferinitiative war an der ESG schon 1981 entstanden, es hatte sich aber um eine nicht weiter institutionalisierte Selbsterfahrungsgruppe gehandelt, die offensichtlich noch keinen aufklärenden Anspruch hatte. Unterstützt wurde diese erste Gruppe vom Leipziger Briefberatungsdienst, der ja schon 1980 in der sächsischen Kirchenzeitung »Der Sonntag« seine Arbeit vorgestellt und dabei auch das Thema Homosexualität nicht ausgelassen hatte. Das Anliegen der Selbsterfahrung blieb dann auch im Arbeitskreis Homosexualität der ESG Leipzig lebendig und hatte immer noch eine starke Nähe zur Seelsorgethematik. Hier kreuzten sich verschiedene Linien: die des aufkommenden schwulen Selbstbewusstseins und die der Unsicherheit, vielleicht doch ein Problem zu haben. Frauen spielten in dem Arbeitskreis in der ESG Leipzig fast keine Rolle; 1984 gründete sich eine eigene Frauengruppe, die sich aber im gleichen Jahr schon wieder auflöste.

Über die Gründung des Leipziger Kreises berichtete Eduard Stapel, wohl der wichtigste Protagonist der Schwulenbewegung unter dem Dach der Kirche am 20. Juni 1982 in der Sächsischen Kirchenzeitung »Der Sonntag«. Stapel war selbst an der Gründung beteiligt gewesen. Er hoffte wie auch andere, dass durch diese Gründung ein »Umdenkungsprozess« in Gang gesetzt würde. Der Leipziger Arbeitskreis und andere, die im Rahmen kirchlicher Institutionen gegründet wurden, war auf jeden Fall eine Art »Stachel im Fleisch« der Kirche, die ansonsten die kleinbürgerlichen Leitvorstellungen des Staates von Ehe, Familie und Kindern teilte. Stapel war nicht nur von einem persönlichen Anliegen motiviert (er hatte sich selbst geoutet und befand sich in einer unsicheren Situation, was seine Zukunft in der Kirche anging), sondern führte sein Engagement auch auf seine »diakonische Ader« zurück.

Im Rahmen der Auftaktveranstaltung am 25. April 1982, die von rund 150 Personen besucht wurde, hielt der am Theologischen Seminar in Leipzig (also der Kirchlichen Hochschule) lehrende Praktische Theologe Jürgen Ziemer einen Vortrag. Zu der Veranstaltung war auf einem Plakat mit der Überschrift »Tabu Homosexualität. Wie gehen wir damit um?« eingeladen worden. Ziemer positionierte sich als Heterosexueller, der sich zuerst einmal auf einen Verstehensprozess einlassen musste. Er behandelte exegetische Fragen, widersprach der These von der Therapierbarkeit und rief unter dem Punkt »Was ist zu tun?« zur Enttabuisierung der Homosexualität auf, wobei er »die Bildung fester Partnerschaften für den verheißungsvollsten Weg, homosexuelle Liebe zu verwirklichen«, hielt. »Liebe« war hier also ein wichtiges Stichwort, das auch in kirchlichen Verlautbarungen zunehmend eine Rolle spielen sollte: Es ging nicht mehr allein um Sex. Typisch war es aber auch, eine feste Bindung zur Voraussetzung für die Akzeptanz zu machen. Ziemer empfahl letztlich die Gründung eines homosexuell-heterosexuell gemischten Arbeitskreises. Sein Vortrag bot kein Programm für die neue Initiative, mit ihm war aber ein prominenter Praktischer Theologe gewonnen, der – zumal im teilweise stark evangelikal geprägten sächsischen Kontext – eine seelsorgerlich abgewogene Position einnahm. Eduard Stapel und andere aber verstanden Ziemer als engagierten Sympathisanten und Gewährsmann, und so ließ er sich auch verstehen. Für Ziemer blieb Homosexualität ein Thema, und er äußerte sich dazu auch in den Kontroversen zum immer gleichen Problemkreis, die die Sächsischen Landeskirche in späteren Jahren bewegten.

Die Teilnehmerzahl der Gesprächskreisabende in Leipzig lag bei 70 bis 100 Personen pro Veranstaltung, wobei der Frauenanteil gering war, wenn nicht geschlechterspezifische Vorträge stattfanden. Offene Abende sollten die Teilnehmer ermutigen, ihre Situation zur Sprache zu bringen. Ablehnende Reaktionen aus der ESG wurden verzeichnet, auch die Angst von Homosexuellen, sich durch eine Teilnahme zu outen. Dabei war das Anliegen des Arbeitskreises auf einem Gemeindeabend vor dem ersten Treffen einstimmig gebilligt worden, und auch die Vertrauensstudenten als Teil der Gemeindeleitung hatten zugestimmt. Erst allmählich kam man miteinander ins Gespräch, und der Arbeitskreis wurde besser in die ESG Leipzig integriert. Auch hier zeigte sich, dass persönliche Kontakte und Gespräche sehr schnell Vorurteile abbauen konnten. Der Leipziger Arbeitskreis unterhielt Kontakte nach Berlin, die zuerst durch Christian Pulz vermittelt worden waren. Dies war aber ohnehin typisch für die Vernetzung der kirchlichen Arbeits- und Gesprächskreise.

Pulz war an der Gründung der Selbsterfahrungsgruppe an der Leipziger ESG beteiligt gewesen. Er ging dann nach Berlin und war dort in der Schwulenbewegung aktiv. Dort wurde er 1983 zum Mitgründer des Arbeitskreises »Schwule in der Kirche« (auch »Arbeitskreis Homosexuelle Selbsthilfe«). Ein Versuch, in der Samaritergemeinde unterzukommen, kam nicht zum Ziel, weil der Gemeindekirchenrat Bedenken hatte, und das nicht einmal »ethischer« Fragen wegen: Hier war schon eine Friedensgruppe zu Hause, und hier fanden unter der Leitung von Pfarrer Rainer Eppelmann die Bluesmessen statt. Das war Konfliktstoff genug. Durch die Vermittlung von Pfarrer Walter Hykel fand die Initiative »Schwule in der Kirche« dann in der Philippus-Kapelle in Hohenschönhausen und ab Januar 1984 in der Bekenntnisgemeinde Treptow Aufnahme. Zu den erhofften Kontakten mit der Kirchengemeinde kam es aber nicht. Abwechselnd trafen sich die Teilarbeitskreise »Schwule in der Kirche« und »Lesben in der Kirche« - letzterer unter Leitung von Marina Krug wechselte später zur Gethsemanegemeinde. Auf den regionalen Kirchentagen zum Lutherjahr 1983 (ein Gesamtkirchentag war nicht erlaubt) waren kirchliche Homosexuellengruppen präsent. Diese Kirchentage unter dem Motto »Vertrauen wagen« ermöglichten eine Präsenz im kirchlichen Raum durch Informationsstände. Sie hatten also in der DDR eine ähnliche Bedeutung wie der Deutsche Evangelische Kirchentag in Nürnberg 1979.

Gerade im Blick auf den Kirchentag in Dresden gab es von evangelikaler Seite heftige Kritik an dem Auftreten von Schwulen. Das Thema Homosexualität wurde vom Dresdner Kirchentag geradezu ausgesperrt. Der Berliner Gesprächskreis Homosexualität, der sich inzwischen unter dem Dach der Kirche gegründet hatte, versuchte, sein Anliegen auf dem Kirchentag in Frankfurt/Oder zu präsentieren. Er wurde dort auch vom Markt der Möglichkeiten ausgeschlossen und nicht in das offizielle Programm aufgenommen, konnte aber in einem Gemeindesaal eine Veranstaltung anbieten. Die Erfahrungen auf den Kirchentagen waren insgesamt unterschiedlich: Es kam zu Konfrontationen mit evangelikalen Gruppierungen in Magdeburg, es gab aber auch die Erfahrung der Solidarität und einer freundlichen Aufnahme durch das Kirchentagspublikum.

Das »Dach« der Kirche hatte eben seine Grenzen, wie auch der an der ESG in Leipzig angesiedelte Arbeitskreis erleben musste: Er unterlag mit dieser Anbindung kirchlicher Aufsicht. Die ESG Leipzig kam in eine etwas peinliche Situation, weil die sächsische Kirchenleitung erst aus der Kirchenzeitung, also dem »Sonntag«, von der Gründung des Arbeitskreises erfuhr. Landesbischof Johannes Hempel forderte darum im Herbst

1982 einen Bericht an, den der Studentenpfarrer Dieter Ziebarth im Februar 1983 auch vorlegte. Ziebarth versuchte, Hempel den neuen Arbeitskreis dadurch plausibel zu machen, dass er ihn mit dem Behindertenarbeitskreis verglich und in die diakonische Arbeit der ESG einordnete. Der Arbeitskreis war weitgehend selbstständig und der Kontakt zur Leitung der ESG eher locker. An den Veranstaltungen nahm aber meistens jemand von den Vertrauensstudenten oder Studentenpfarrer Ziebarth selbst teil. Ziebarth war ein Freund von Oskar Brüsewitz gewesen, der sich 1976 aus Protest gegen den Anpassungskurs der Kirche in der DDR selbst verbrannt hatte. Er war 1979 Studentenpfarrer in Leipzig geworden und stand unter fortwährender Beobachtung durch die Staatssicherheit. 1984 wechselte er als Leiter der Geschäftsstelle der Evangelischen Studentengemeinden in der DDR nach Berlin. Sein Nachfolger in Leipzig wurde Michael Barthels, der das Amt bis 1991 innehatte. Er blieb, was den Umgang mit dem Arbeitskreis anging, auf Ziebarths Linie.

In der Folge der Ereignisse in Leipzig wurde im Landeskirchenamt in Dresden eine »Sonderarbeitsgruppe Homosexualität« unter Leitung von Landesbischof Hempel eingesetzt. Im Juni 1983 traf man sich mit Vertretern des Leipziger ESG-Arbeitskreises zu einem Gespräch, das diplomatisch verlief, aber auch zeigte, dass die Kirchenleitung auf Distanz blieb. Außerdem wartete sie auf ein Gutachten der Theologischen Studienabteilung des Kirchenbundes, das sie zur Sache angefordert hatte. Sie stand nämlich zusätzlich und vor allem vor dem Problem, dass es homosexuelle Studenten am Theologischen Seminar gab - einer von ihnen war Eduard Stapel, aber er war eben nicht der Einzige. Dieses Gutachten der Studienabteilung (»Homosexuelle in der Kirche«) fiel dann nicht so aus, wie man es sich wohl gewünscht hatte. Der Verfasser war ausgerechnet Manfred Punge, der 1982 von der Evangelischen Akademie Berlin-Brandenburg an die Studienabteilung des Kirchenbundes gewechselt war. Die Sächsische Landeskirche äußerte sich dann auch nicht zu diesem Text. Die Sonderarbeitsgruppe löste sich bald wieder auf, und die Verhältnisse blieben weiterhin ungeklärt. Das Gutachten der Studienabteilung fand in allen Landeskirchen in der DDR Verbreitung, kaum aber in der Landeskirche Sachsens.

Die 1974 gegründete Theologische Studienabteilung des Bundes Evangelischer Kirchen in der DDR war mit der Forschungsstelle der Evangelischen Studiengemeinschaft in Heidelberg vergleichbar, und sie war wie diese vor allem mit friedensethischen Fragen befasst. Hier trat nun ein ganz neues Thema in ihren Fokus und in den des ostdeutschen Protestantismus überhaupt. Die Studie »Homosexuelle in der Kirche«, in der DDR 1984 wie üblich »nur für den innerkirchlichen Dienstgebrauch« freigegeben, um der staatlichen Zensur zu entgehen, erschien 1985 auch in Westdeutschland, dort gedruckt und herausgegeben von Volkmar Deile für die Aktion Sühnezeichen/Friedensdienste.

In der Einleitung wurde der Stellenwert dieses Textes deutlich: Homosexualität war im Rahmen der Kirche nicht mehr eine Aufgabe für die Seelsorge, sondern Gemeinden waren gefragt, ob sie Gesprächsgruppen von Homosexuellen Obdach bieten würden, Kirchen waren gefragt, ob sie homosexuelle Mitarbeiter einstellen würden, und einzelne Christen waren gefragt, ob sie Homosexuelle akzeptieren würden. Die Einleitung wies auch auf die Differenz zwischen der Entkriminalisierung der Homosexualität durch die Reform des Strafgesetzbuches der DDR und die alltägliche Diskriminierung hin. Der

Text brachte die Erkenntnisse der Humanwissenschaften – zuerst den Kinsey-Report – ins Spiel, die gegen die Thesen von der Verführbarkeit zur Homosexualität und ihrer Therapierbarkeit sprachen. Der biblische Befund wurde wiederum dahingehend gedeutet, dass es hier um heidnische Kultpraktiken gehe, nicht aber um Sexualität zwischen Menschen. Geraten wurde dazu, Homosexuelle als solche zu akzeptieren und ein »normaleres« Miteinander von Homosexuellen und Heterosexuellen zu ermöglichen: »Erfahrungen mit einigen homosexuellen Mitarbeiterinnen und Mitarbeitern, Pfarrern und Pastorinnen könnten dazu führen, daß in unseren Gemeinden insgesamt eine offenere Atmosphäre entsteht.«

Die Studie wurde nicht nur in der Sächsischen Landeskirche diskutiert, für die sie ja ursprünglich gedacht war, sondern auch in den anderen Landeskirchen; dies führte aber zu keiner Meinungsbildung im Kirchenbund. Der Bischofskonvent der ostdeutschen Landeskirchen entschied sich 1986 dagegen, eine generelle Erklärung abzugeben. Vielmehr solle »auf Grund eines seelsorgerlichen Gespräches je für den Einzelfall entschieden werden«. Die Bischöfe äußerten sich verhalten und vorsichtig: Homosexuelle Handlungen sind Sünde, die Homosexualität an sich ist es nicht.

Während in der Bundesrepublik 1980 mit einer »Orientierungshilfe« der Vereinigten Evangelisch-Lutherischen Kirche (VELKD) ein Leittext vorlag, der in alle westdeutschen evangelischen Landeskirchen ausstrahlte, konnte sich der Bund Evangelischer Kirchen nicht zu einer gemeinsamen Stellungnahme verstehen. So wie in der Bundesrepublik die EKD, die VELKD und die einzelnen Landeskirchen teils miteinander agierten, teils aber unterschiedliche Wege zu gehen begannen und auch ganz unterschiedlich durch einzelne »Fälle« homosexueller

Pfarrer und Mitarbeiter bzw. Mitarbeiterinnen oder Anfragen nach kirchlichen Segnungen und Trauungen herausgefordert waren, war auch das Bild in den Landeskirchen in der DDR durchaus unterschiedlich. Es waren also die einzelnen Landeskirchen in der DDR, in denen das Thema diskutiert und vor allem um die Anstellung homosexueller Pfarrer und kirchlicher Mitarbeiter gestritten wurde. Allgemein als »mutig« wurde 1981 ein Wort der Berlin-Brandenburgischen Kirche gewertet, das Homosexualität als einen »anderen Ausdruck menschlicher Sexualität« qualifizierte und eine Mitschuld der Kirche an der Ausgrenzung Homosexueller zugab. Das Wort blieb allerdings innerkirchlich nicht unwidersprochen. An Dynamik gewannen die Debatten durch die Gesprächskreise in den größeren Städten und durch den »Fall Stapel«.

Eduard Stapel, zuständig für die »Homosexuellen-Arbeit« der Stadtmission in Magdeburg, war es dann, der im Januar 1988 den Kirchenbund um Unterstützung bei der Planung eines »Forums homosexueller Gruppen Europas« bat bzw. erst einmal um Hilfe bei der Klärung der Frage, ob dieses 1990 in der DDR stattfinden könne. Nach einem Bericht von Oberkirchenrat Martin Ziegler, dem Leiter des Sekretariates des Kirchenbundes, beschloss dessen Vorstand am 17. März 1988, »daß für die Durchführung dieses Forums eine kirchliche Interessenlage zur Zeit nicht erkennbar ist und weitere Klärungen nötig wären«. In einem weiteren Brief hatte Stapel im Namen der Koordinierungsgruppe der kirchlichen Arbeitskreise Homosexualität beim Kirchenbund angefragt, ob es möglich sei, dass der Kirchenbund einen Facharbeitskreis Homosexualität einrichte, und ob eine Arbeitsgemeinschaft (unter dem Dach des Kirchenbundes) gegründet werden könne. Auch dieses Ansinnen wurde abschlägig beschieden. Wenn vom Dach der Kirche die Rede war, unter dem die Gruppen von Schwulen und Lesben sich versammeln konnten, war dieses institutionell gesehen also nicht das Dach des Kirchenbundes.

Möglich war eine Selbstorganisation von Schwulen- und Lesbengruppen dennoch lange Zeit nur unter dem Dach der Kirche: unter dem Dach von Kirchengemeinden, der Inneren Mission oder von Studentengemeinden. Das galt auch für andere Gruppen, die nicht primär ein christliches Anliegen vertraten, sondern kirchliche Institutionen als Schutzraum vor einem unmittelbaren staatlichen Zugriff brauchten. Dass damit auch eine Selbstbeschränkung einherging und man nicht überall willkommen war, ja sogar angefeindet wurde, war eine Erfahrung, die die Schwulen- und Lesbengruppen mit anderen teilten. Was Schwule und Lesben anging, fehlte es ansonsten an Treffmöglichkeiten; die »einschlägigen« Lokale waren bis auf wenige in Ost-Berlin geschlossen worden. Wie in der frühen Bundesrepublik wurden Schwule gezwungen, in Parks und öffentlichen Toiletten (»Klappen«) Kontakt aufzunehmen. Ein Tanzabend des »Gesprächskreises Homosexualität« in Berlin musste 1988 von der Abteilung Erlaubniswesen der Volkspolizei genehmigt werden.

1983 entstand ein Text von Ulrich Zieger aus dem »Arbeitskreis für homosexuelle Selbsthilfe Berlin« (»Schwule in der Kirche«) mit dem Titel »Zur schwulen Realität in der DDR. Acht Bemerkungen und ein Versuch dagegen«, in dem sich auch die Rolle der evangelischen Kirche widerspiegelte: »›Schwule in der Kirche‹ und der Arbeitskreis Homosexualität der ESG in Leipzig sind Anfänge« – für ein Engagement in der Gesellschaft für die eigene Sache nämlich. Der Arbeitskreis Homosexualität in der Leipziger Evangelischen Studentengemeinde war ja tatsächlich ein Anfang, dem andere Gründungen folgten, und dieser erste Arbeitskreis wurde immer wieder als eine Art Leuchtturm gesehen. Nicht allen aber schien es selbstverständlich, hier auf die Kirche zuzugehen: »Nicht jedem von uns ist einleuchtend, weshalb die Kirche jetzt erst beginnt, ihre Mitverantwortung an einem der schlimmsten Vorurteile innerhalb der abendländischen Kultur als fragwürdig zu betrachten; nicht jeder von uns ist bereit, seine persönliche Verbitterung zu verlassen.«

In einem anderen (anonymen) Text, wohl auch aus dem Jahre 1983 und aus Berlin stammend, wurden Gemeinden und Kirchenleitung um Hilfe gebeten: »Die Kirche ist der einzige Raum innerhalb unserer sozialistischen Gesellschaft, in dem wir überhaupt eine Chance haben, aufgenommen zu werden. [...] Da wir in der Gesellschaft de facto totgeschwiegen werden, würden wir uns freuen, wenn die Kirche uns Gelegenheit gäbe, wenigstens in den Gemeinden ein wenig Aufklärungsarbeit zu betreiben. Sie würde uns damit helfen, die Mauer der Ignoranz, die man um uns aufgerichtet hat, zu durchbrechen. [...] Wir denken aber nicht, daß wir ein Fall für die Diakonie sind. Wir sind keine Kranken oder Behinderten.« Der Text wies auch auf die Situation homosexueller kirchlicher Mitarbeiter hin, »die zum großen Teil ein dauerndes Versteckspiel vor Gemeinde und Kirchenleitung aufführen«. Eine ähnliche Intention hatte ein Text mit dem Titel »Coming out im Vakuum. Warum sich Schwule in der DDR an die evangelische Kirche wenden«: »Die Kirche ist in der DDR die einzige unabhängige Institution. Hier sind vereinzelte Initiativen möglich, die beim Staat undenkbar wären.« Als Beleg hierfür wurde auch die unabhängige Friedensbewegung angesehen.

Die Gesprächs- und Arbeitskreise unter dem Dach der Kirche boten Strukturen und ein Netzwerk für eine Schwulen-

und Lesbenbewegung, die sich sonst nicht organisieren konnte. Der Kreis der Teilnehmerinnen und Teilnehmer war nicht auf Kirchenmitglieder beschränkt, die politischen Hintergründe der einzelnen Personen waren unterschiedlich. Im November 1983 fand das erste überregionale Treffen der Arbeitskreise Homosexualität in der Berliner Samariterkirche statt. Der Arbeitskreis »Schwule in der Kirche«, zu dem Christian Pulz, Karsten Friedel, der als Bürgerrechtler bekannt gewordene Wolfgang Rüddenklau und Ralf Limbecker gehörten, erarbeitete im August 1984 einen Forderungs- und Vorschlagskatalog für staatliche Stellen. Die »Arbeitskreise« stellten in der DDR unter dem Dach der Kirche also nicht nur eine Brücke zur kirchlichen Öffentlichkeit hin dar, sondern wollten das auch zum Staat hin sein, allerdings ohne Resonanz. 1988 gab es 16 von ihnen. Am 3. August 1988 fand ein Treffen der Arbeitskreise Homosexualität Berlin, Dresden und Jena in der Leipziger ESG statt.

In das Licht einer kirchlichen Ersatzöffentlichkeit traten Schwulen- und Lesbengruppen auch bei den Friedenswerkstätten und auf Kirchentagen in der DDR. Die Friedenswerkstätten waren seit 1982 ein Sammelpunkt für die staatsunabhängige Friedensbewegung - und auch sie waren unter dem Dach der Kirche nicht nur gern gesehen, weil sie ein Konfliktpotenzial für das Staat-Kirche-Verhältnis darstellten. Schon bei der ersten Friedenswerkstatt in der Berliner Erlöserkirche nahm die Initiative »Schwule in der Kirche« (auch: »Arbeitskreis homosexuelle Selbsthilfe«) mit einem Informationsstand teil (»Lieber ein warmer Bruder als ein kalter Krieger«) - die Gruppe der Lesben, die auch zum »Arbeitskreis homosexuelle Selbsthilfe« gehörte, hatte ihren eigenen Stand. Im Juli 1983 gab es einen Informationsstand »Schwule und Lesben in der

DDR-Friedensbewegung« auf der Friedenswerkstatt. 1986 kamen auf der Friedenswerkstatt 3.000 Besucher zu der Veranstaltung »Was treibt Fäuste? - Das Elend der Männlichkeit«. Schwule Emanzipation wurde (jedenfalls vonseiten der Schwulenbewegung) als integraler Bestandteil der Friedensarbeit angesehen.

Der Staat reagierte in aus heutiger Sicht erwartbarer Weise; schon die Nähe zur staatsunabhängigen Friedensbewegung musste als politische Opposition gewertet werden. Die FDJ, eigentlich dafür zuständig, den politischen Konformitätsdruck und das kleinbürgerliche Lebensideal der SED-Diktatur an die jüngere Generation zu vermitteln, musste zwar auch auf diesem Feld eine Kurskorrektur vollziehen und sich nun für Toleranz zuständig fühlen. Dies passte in eine Zeit, in der sich die FDJ ohnehin einen zeitgemäßeren Anstrich geben sollte, was freilich nur hier und da Wirkung zeigte. Immerhin war Homosexualität seit 1987 auch in FDJ-Klubhäusern ein Thema, so auch in der Leipziger »Rosa Linde«. Andererseits wandte der Staat eben doch die erprobten Mittel an: Einer der Teilnehmer des Berliner Gesprächskreises war Inoffizieller Mitarbeiter (IM) der Staatssicherheit, der berichtete, aber offensichtlich nicht zu beeinflussen versuchte. So gab es auch zu Christian Pulz den »Operativen Vorgang« »Orion« wegen »politisch-ideologischer Diversion« und »politischer Untergrundtätigkeit«. Mit Pulz wurde die gesamte Gruppe »Schwule in der Kirche« überwacht.

Vonseiten der bundesrepublikanischen Schwulenbewegung unter dem Dach der Kirche (die Verhältnisse waren hier ähnlich wie in der DDR: man war geduldet) wurden die Vorgänge in der DDR genau beobachtet. Im »HuK-Info« erschienen regelmäßig Berichte darüber. Schwierig war es dabei, aus westlicher Sicht zu verstehen, dass eine Solidarisierung von außen den engagierten Schwulen und Lesben in der DDR nicht unbedingt von Vorteil sein würde. Für Unruhe sorgte das Buch »Rosa Liebe unterm Roten Stern. Zur Lage der Lesben und Schwulen in Osteuropa«, das 1984 von der Homosexuellen Initiative (HOSI) Wien veröffentlicht wurde. Christian Pulz reagierte darauf mit einer sehr kritischen Rezension, die 1985 im »HuK-Info« veröffentlicht wurde und in der er dem Buch eine antisozialistische Haltung vorwarf. Pulz kritisierte aber generell westliche Solidarisierungsversuche, die in den Arbeitskreisen unter dem Dach der Kirche eine politische Oppositionsbewegung vermuteten, was sie nicht waren und nicht sein durften, wofür sie aber staatlicherseits gehalten wurden.

Das Thema AIDS wurde in der DDR eher versteckt behandelt; eine Ausnahme stellte der Mediziner Niels Sönnichsen dar (im Übrigen ein Pfarrerskind), der über die Krankheit aufklären wollte. Sönnichsen plädierte 1988 auch für die Zusammenarbeit mit den Homosexuellengruppen unter dem Dach der Kirche. An der Humboldt-Universität wurde nun eine »Arbeitsgruppe Homosexualität« eingerichtet, die auch mit diesen Gruppen kooperieren sollte. Die Homosexuellen-Arbeitskreise hatten eine eigene AIDS-Kommission eingerichtet und merkten jetzt, wie man es auch in der Bundesrepublik merkte, dass die neu auftretende Krankheit alte Ressentiments wachrief.

Aufbrüche waren also auch in der DDR zu verzeichnen, zuletzt waren sie verbunden mit dem Versuch, sich vom kirchlichen »Dach« zu emanzipieren. Von einer wirklichen Emanzipation in der Gesellschaft konnte aber noch keine Rede sein. Als 1989 ein von dem Sexualwissenschaftler und Medizinhistoriker Günter Grau herausgegebener Sammelband erschien, der Beiträge von Wissenschaftlern aus der Bundesrepublik Deutschland und der DDR enthielt, war dieser Band auch das Dokument einer gewissen Ratlosigkeit. Die Probleme waren aus der Sicht des Herausgebers und auch vieler Autoren die gleichen geblieben: Dazu gehörten homosexuellenfeindliche Einstellungen in Gesellschaft und Kirche, aber auch die Auffassung, Homosexuelle benötigten Seelsorge - müsste diese nicht vielleicht eher denen zuteil werden, die Homosexuelle ablehnten? Wie war Homosexualität medizinisch zu erklären, und musste man sie überhaupt erklären? Auch die Frage der Ordination von homosexuell lebenden Pfarrern war noch ungeklärt, und so fragte Grau in seiner Einleitung, ob die Zurückhaltung der Kirchenleitungen der evangelischen Kirchen in der DDR »wirklich auf dem festen Boden des Evangeliums steht oder nicht vielmehr auf den losen Sand bürgerlicher Vorurteile und kleingläubiger Ausflüchte gebaut ist«. Grau selbst dokumentierte in seinem Beitrag zu dem Sammelband die immer noch bestehenden, tief verankerten Vorurteile, nicht nur gegenüber homosexuellen Männern, sondern auch gegenüber lesbischen Frauen: Schwule sind feminin, Lesben maskulin.

Manfred Punge, ebenfalls mit einem Beitrag in dem Sammelband vertreten, registrierte einen Stillstand nach den Aufbrüchen des Jahres 1983: Die Positionen innerhalb der Kirche waren verhärtet, man redete nicht miteinander, sondern übereinander und aneinander vorbei. Die Evangelikalen waren stark, und sie fanden Unterstützung durch ein Buch, das der katholische Psychologe Gerard van den Aardweg 1985 veröffentlicht hatte: »Das Drama des gewöhnlichen Homosexuellen«. Van den Aardweg erklärte Homosexualität zu einer Neurose, die man heilen könne. Dieser schlichte Erklärungsansatz fiel in der evangelikalen Szene auf fruchtbaren Boden, außerhalb davon wurde das Buch mit Unverständnis oder Entsetzen aufgenommen.

Ein weiteres Buch Graus »Lesben und Schwule – was nun?« knüpfte an seinen Sammelband an. Der Untertitel »Frühjahr 1989 bis Frühjahr 1990« markierte eine Zeit erheblicher Umbrüche, Hoffnungen und auch Enttäuschungen. Für Grau erbrachten die ersten und einzigen freien Wahlen zur Volkskammer im Frühjahr 1990 das Gegenteil von dem, was viele erhofft hatten: Schwule und Lesben waren kein Thema gewesen, und niemand mochte sich ihre vorbehaltlose Anerkennung auf die Fahnen schreiben. Auch in diesem Buch Graus ging es also um die trotz einer gewissen gesellschaftlichen Öffnung und Reformen im Strafrecht weiterhin bestehenden Vorurteile: Die neue Schwulenfeindlichkeit, von der man 1990 sprach, war eben nur die alte. Dass durch die Wiedervereinigung der § 175 StGB noch einmal wieder eingeführt werden würde, schien Grau unwahrscheinlich, aber so kam es. Grau ging in seinem Vorwort zu Beginn des Buches auch auf die Rolle der Kirchen als »Dach« für die Initiativen Homosexueller ein. Dabei nahm er eine Perspektive ein, die ansonsten für die Bürgerrechtsbewegungen typisch wurde: Die Kirche hatte vielleicht ein Dach geboten, sich aber nicht mit ihrer Sache identifiziert und offizielle Stellungnahmen vermieden. So war es eben beim Thema Homosexualität auch. Unterstützung war von einzelnen Pfarrerinnen und Pfarrern gekommen, nicht von der Kirche als Institution und oft gegen Widerstände in den Gemeinden.

Mit den politischen Umbrüchen des Jahres 1989/90 und der kirchlichen Wiedervereinigung stellte sich die Frage nach der Zukunft der Homosexuellen-Gruppen unter dem Dach der evangelischen Kirche in Ostdeutschland. Ein letztes Mal wurde dieses Dach sichtbar, als sich im März 1991 eine »Arbeitsgemeinschaft der Homosexuellen-Arbeitskreise im Bund der Evangelischen Kirchen« gründete. Allerdings hatte man dies den Verantwortlichen im Kirchenbund vorher nicht mitgeteilt, und so verweigerte der Kirchenbund seine Trägerschaft. Da der Kirchenbund kurz darauf in der EKD aufging, fiel diese Bezugsgröße ohnehin weg. Die Arbeitsgemeinschaft tagte noch ein zweites Mal im September 1991 auf dem Petersberg bei Halle und ein drittes Mal im Dezember 1991 in Magdeburg.

Strittig war, welches Verhältnis man zur EKD haben wollte, die selbst schon auf die HuK zugegangen war. Stapel und andere beharrten darauf, dass es eine kirchliche An- und Einbindung geben müsse, wie sie in der DDR erprobt worden sei. Die ostdeutschen Arbeits- und Gesprächskreise überlebten das Ende der DDR nicht lange, der einzige, der bestehen blieb, war der Berliner Gesprächskreis Homosexualität (GKHS), in dem Stapel aktiv war. Nach der Wiedervereinigung bedurfte es des Daches kirchlicher Einrichtungen nicht mehr, Biografien veränderten sich unter den Bedingungen neuer bürgerlicher Freiheiten, und auch wenn die Rechtslage durch den in der Bundesrepublik noch bestehenden § 175 unsicher war, konnte man nun andere, nicht auf die Kirche beschränkte Organisationsformen wählen.

Vonseiten der HuK wurde dazu eingeladen, sich in diese zu integrieren, was für die ostdeutschen Protagonisten erst einmal befremdlich war. Es gab von der HuK Kontaktversuche in Richtung DDR, die aber nur auf der persönlichen Ebene stattfanden. Man erhoffte auch die Gründung von Regionalgruppen der HuK in der noch bestehenden DDR, dazu kam es aber nicht, von »vielen beiderseitigen Missverständnissen« war in einem Artikel im »HuK-Info« 1990 die Rede. Die ostdeutschen Arbeitskreise, die schon immer gut untereinander vernetzt waren, organisierten sich einstweilen in der im März 1991 gegründeten »Arbeitsgemeinschaft«, man wartete von beiden Seiten aus ab. Von der HuK aus wurde eine Arbeitsgruppe Neue Bundesländer gegründet, die aber auf der Mitgliederversammlung 1993 mangels Beteiligung nicht aktiv wurde. Dies wurde auf die andere Geschichte der Gruppen in der DDR zurückgeführt und darauf, dass man von ostdeutscher Seite aus nicht, wie in so vielen Bereichen, einfach nur beitreten wollte. Viele Engagierte waren auch gleich in den Schwulenverband in Deutschland (SVD) eingetreten, der sich 1990 in Leipzig noch als »Schwulenverband in der DDR« gegründet hatte und dann gesamtdeutsch agierte. Der westdeutsche Bundesverband Homosexualität (BVH), der 1986 gegründet worden war, löste sich 1997 auf. Eduard Stapel hatte zu den Gründungsmitgliedern des SVD gehört, Manfred Bruns wurde später zum Vorsitzenden gewählt. 1999 benannte man sich in »Lesben- und Schwulenverband in Deutschland« (LSVD) um.

In diesem Falle waren es einmal ostdeutsche Akteure, die die Führung übernahmen, und Stapel tat dies in dem Bewusstsein, sozusagen die reinere Existenzform zu vertreten, da es in der DDR keine Schwulenszene mit ihrer Subkultur gegeben habe, die nur zur Selbstausgrenzung und zu einem Doppelleben führe. In einem Artikel, der auch im »HuK-Info« erschien, gab Stapel 1990 »Nachhilfe für Westler« und korrigierte Aussagen in einem Artikel des Schwulenmagazins »magnus« über die Organisationsform der Arbeitskreise in der DDR und stellte auch richtig, dass er nicht, wie geschrieben wurde, bei der Sächsischen Landeskirche für die Schwulenarbeit zuständig war (»das grenzte an ein Wunder!«), sondern bei der Stadtmission in Magdeburg. Stapel versuchte auch einen Eindruck davon zu vermitteln, welches Verhältnis die Arbeitskreise zur

Kirche hatten: Sie seien nicht in Nischen der Kirche untergekommen, sondern kirchliche Mitarbeiter und Mitarbeiterinnen und Gemeinden hätten die Arbeitskreise als ureigenste christliche Aufgabe verstanden. Das passte nicht ganz zu dem, was ansonsten aus Kirchengemeinden - zumal angesichts von AIDS - berichtet wurde, und in der Einleitung zu Stapels Beitrag wurden auch kritische Einwände erhoben. Es zeichnete aber ein Bild von einem kirchlichen Engagement für die Sache, das zu dieser Zeit schon von nichtkirchlichen Basisgruppen angefochten wurde.

VIII. Initiativen lesbischer Frauen unter dem Dach der Kirche

Hinter den Debatten um homosexuelle Männer traten die um homosexuelle Frauen stark zurück. Allerdings ist für die Lesbenbewegung unter dem Dach der Kirche ein deutlich höheres Selbstbewusstsein in der DDR als in der Bundesrepublik zu verzeichnen. Dies bildet sich bis heute in der Eigengeschichtsschreibung der damaligen Akteurinnen ab, und auf der Seite der Schwulen ist es genauso. Rückblicke und Erinnerungsbände sind in größerer Zahl vorhanden, und auch das Internet bietet eine Fülle von Informationen, was an dem Selbstbewusstsein liegen dürfte, an einer allgemeinen Emanzipation in der Gesellschaft mitgewirkt zu haben. Darum sind sie für die Erinnerungskultur auch interessanter als ihre Pendants in der Bundesrepublik.

Die Geschichte der Organisationsformen lesbischer Frauen in der DDR ist in ihren Anfängen eng verbunden mit der Geschichte der Organisationsformen schwuler Männer, und die Geschichte der Lesbenbewegung ist auch eine Emanzipationsgeschichte von diesen Organisationsformen, aber das gilt für die Bundesrepublik genauso. In Berlin bildete die »Homosexuelle Selbsthilfe« den Rahmen für eine Schwulengruppe (»Schwule und Kirche«) und eine Lesbengruppe (»Lesben in der Kirche«, also »LiK«). Diese Gemeinschaft bestand aber nur für kurze Zeit – hier zeigte sich wie so oft, dass eine Zusammenarbeit von Lesben und Schwulen nicht gut funktionierte, da der Patriarchalismus sich auch unter Schwulen fand. Die Gruppe »Lesben in der Kirche« blieb auch über 1989 hinaus aktiv und war für einige Jahre die einzige Gruppe lesbischer Frauen in der DDR. Die LiK hatte sich gegründet, weil ein neues Wehrdienstgesetz in der DDR im Ernstfall auch die Mobilisierung von Frauen ermöglichte. In dieser Gruppe (wie auch in anderen Lesbengruppen) kreuzten sich verschiedene politische Anliegen, darunter eben auch ein friedensbewegtes. Die LiK stand darum auch von Anfang an unter staatlicher Beobachtung, das erste Treffen im November 1982 wurde von der Polizei aufgelöst.

Eine wichtige Protagonistin in dieser Gruppe war bis zu ihrer Übersiedelung nach West-Berlin im Jahre 1986 Marina Krug. Sie schrieb am 20. September 1983 im Namen des Arbeitskreises »Homosexuelle Selbsthilfe Berlin/Lesben in der Kirche« an Generalsuperintendent Günter Krusche und bat ihn um Unterstützung: »An die Kirche als Gesprächspartner knüpfen wir große Hoffnungen. Sie nimmt die Position dessen ein, der Vertrauen und Hilfe entgegenbringt, besonders für Schwache und Diskriminierte.« Krug verwies auf die Unterstützung durch Pfarrer Walter Hykel, der in seiner Gemeinde die Philippus-Kapelle zur Verfügung gestellt hatte. Marina Krug war es auch, die mit einigen Freundinnen 1985 in das Frauen-KZ Ravensbrück fahren und einen Kranz niederlegen wollte. Dies wurde staatlicherseits vereitelt, die Gruppe verhaftet. Staatsunabhängiges Gedenken durfte es nicht geben. Eine andere wichtige lesbische Protagonistin war Marinka Körzendörfer, die seit 1984 bei »Lesben in der Kirche« aktiv war.

Die Emanzipation von gegebenen Organisationsstrukturen war das eine, die Emanzipation vom Dach der Kirche das andere. Dies war ein Anliegen von Ursula Sillge. Sie gründete 1986 eine Gruppe lesbischer Frauen, die aus der Ost-Berliner »Homosexuellen Interessengemeinschaft Berlin« (HIB) hervorging. Auf Ursula Sillge waren mehrere Inoffizielle Mitarbeiter der Staatssicherheit angesetzt, nicht nur ihres »spezifischen Sexualverhaltens«, sondern auch ihres politisch-emanzipativen Anliegens wegen. Das erste Treffen fand im Gutshaus Mahlsdorf statt, bei einer Person, die es verstand, sich öffentlichkeitswirksam als Trans-Person zu inszenieren: Charlotte von Mahlsdorf, eigentlich Lothar Berfelde. Diese Frauengruppe rief 1987 den »Sonntags-Club« als Treffpunkt ins Leben, der Lesben und Schwulen offenstand. Er tagte an wechselnden Orten in Ost-Berlin und war der erste nichtkirchliche Treffpunkt in der DDR. In seinem Statut musste die politische Erwartungshaltung bedient werden: »Die soziale Integration homosexueller Bürger in unsere Gesellschaft« sollte durch eine »niveauvolle Club-Arbeit« vorangetrieben werden. Auch hier gab es staatliche Bespitzelung und Beeinflussungsversuche, nämlich durch den IM »Walter Fichte«, der vor allem neue Mitglieder politisch »aufklären« und einen Keil zwischen die kirchlichen Gruppen und den Sonntags-Club treiben sollte.

In Ost-Berlin wurde staatlicherseits in Anbindung an die FDJ 1988 der Club »Courage« gegründet, der dem Sonntags-Club Konkurrenz machen sollte, aber sich nicht wirklich etablieren konnte. Der Vorwand dafür waren interne Konflikte im Sonntags-Club; ohne staatliche Hilfe hätte »Courage« aber nie gegründet werden können. Auch der Club »Courage« wurde dann von der Staatssicherheit beobachtet – Homosexualität blieb für die SED-Diktatur so oder so eine Gefährdung der sozialistischen Einheitsgesellschaft.

Auch auf westdeutscher Seite führte das organisatorische Nebeneinander von Schwulen und Lesben zu Selbstständigkeitsbestrebungen lesbischer Gruppen, zumal in die Zeit einer auch in der Kirche beginnenden Schwulen- und Lesbenbewegung der Aufschwung der Feministischen Theologie fiel – dies spielte für die ostdeutsche Bewegung, in der kaum Theologinnen aktiv waren, keine große Rolle. Männer und ihr Reden und Schreiben wurden als patriarchisch empfunden und abgelehnt. Schwule Männer wiederum fühlten sich missverstanden, wenn Frauen sie kritisierten, da sie es doch waren, die sich für Freiheit und Toleranz engagierten und das nicht als patriarchalisch und bevormundend ansahen. Innerhalb der HuK gärten Konflikte zwischen schwulen und lesbischen Mitgliedern, bis die Frauen sich 1985 auf einem bundesweiten HuK-Frauentreffen unter dem Motto »Auf die Dauer – Lesbenpower« selbstständig machten. 1990 saß dann mit Hiltrud Noll erstmals eine Frau im Vorstand der HuK. 1993 wurde auf dem »Sprechertreffen« der HuK die »oftmals fehlende Sensibilität der Männer für die Anliegen der Lesben in der HuK« beklagt. Die Antwort war, dass der Vorstand sich schwertue mit der Erwartung, lesbisches Profil zu zeigen, da es ihm an Informationen und Sensibilität fehle. Die HuK war mit dieser inneren Spannung freilich nicht allein, sie war schon seit den 1970er Jahren typisch für Initiativgruppen der Homosexuellenbewegung.

Anders als die Lesbenbewegung in der DDR, die eigentlich keine kirchliche war, sondern unter dem Dach der Kirche sich organisierte, begriff sich die westdeutsche, wenn sie im Rahmen der Kirche stattfand, als Teil der Kirche und als kirchenreformerische Kraft. 1987 erschien das Buch »Hättest Du gedacht, daß wir so viele sind? Lesbische Frauen in der Kirche«, das 1997 noch einmal veröffentlicht wurde, diesmal nur unter dem Untertitel. Das Buch, das auch eine Sammlung von Erfahrungsberichten enthielt, wurde von vielen als Aufbruch in die Öffentlichkeit nach langer Heimlichtuerei empfunden, und tatsächlich kam es in der Folge zu Tagungen, auf denen sich lesbische Frauen aus dem Bereich der Kirche trafen und ihr Selbstbewusstsein stärkten. Das Buch war die Dokumentation einer »Lesbentagung« in Bad Boll im Jahre 1985, die noch fast geheim war, aber für Aufsehen in der Württembergischen Landeskirche sorgte, weil sich konservative Kreise herausgefordert sahen. Kurz vorher hatte es schon eine solche Tagung in der Evangelischen Akademie Arnoldshain gegeben. Mit der Tagung in Bad Boll wurde dann eine jährliche Tradition begründet. Die Tagung war auch die Initialzündung für die Gründung der LuK (Ökumenische Arbeitsgemeinschaft Lesben und Kirche).

Die Diakonin und Diplom-Pädagogin Herta Leistner, eine der Herausgeberinnen des Buches und eine der Organisatorinnen der Tagung, arbeitete zu dieser Zeit als Studienleiterin in Bad Boll. Ihr Coming-out vollzog sich langsam, wie sie selbst berichtete, und das war bei vielen lesbischen Frauen im kirchlichen Bereich so, während Männer hier schon weiter waren. Die Frauen verstanden sich als »sanfte Verschwörerinnen« und machten erst jetzt die Erfahrung, dass sie, wie es im Buchtitel heißt, »so viele waren«. Sie befassten sich viel mit Feministischer Theologie, die in dieser Zeit oft noch ein weibliches Gegenbild zu scheinbar männlichen Eigenschaften konstruieren wollte. Marginalisierungserfahrungen und die Erfahrung, Homosexualität zwar im privaten, nicht aber im kirchlichen Bereich leben zu können, hatten zu einer starken Rückzugsmentalität geführt. Typisch war in der Einleitung des Buches (»Unser Schweigen wird uns nicht schützen«) der Verweis auf den Fall des hannoverschen Pfarrers Klaus Brinker (dessen Name noch nicht einmal genannt wurde). Homosexuelle Frauen waren in der Kirche noch nicht in derart exponierten Positionen, wie es Männer waren, und sie exponierten sich auch nicht, sondern beklagten, wie es weiterhin in der Einleitung geschah, ihr Doppelleben, ihr Verschwiegenwerden und ihr eigenes Schweigen. Sie waren den Weg in die Selbstverleugnung gegangen, die man, so nahmen sie es wahr, auch von ihnen verlangte, gerade wenn sie ihren Arbeitsplatz in der Kirche oder ihren Ruf nicht aufs Spiel setzen wollten. Gerade das führte zu der Vereinzelung, die man nun beenden wollte. Fraglos trug zu der Verunsicherung und zum Verstecken auch bei, dass inzwischen an homosexuellen Männern wie Klaus Brinker ein Exempel statuiert worden war und auch kirchliche Mitarbeiter außerhalb der Pfarrerschaft Maßregelungen ausgesetzt waren.

An der ersten Lesbentagung in Bad Boll nahmen vor allem Theologiestudentinnen und im kirchlichen Dienst stehende Theologinnen teil, außerdem Mitarbeiterinnen aus Kirche und Diakonie. Der größte Teil (42 %) war zwischen 20 und 29 Jahre alt. Dem Selbstzeugnis von Herta Leistner zufolge kam es tatsächlich zu starken Anfeindungen und Drohungen, auch von konservativen Frauen in der Kirche. Zur Stärkung des Selbstbewusstseins trug offensichtlich erst die wesentlich aktivere Lesbenbewegung außerhalb der Kirche bei, die das Schweigen schon längst gebrochen hatte, das die Frauen in der Kirche erst brechen wollten. Herta Leistner wurde später Studienleiterin am Anna-Paulsen-Haus, dem 1994 eröffneten Frauenstudien- und Frauenbildungszentrum der EKD in Gelnhausen.

Da die HuK keine Plattform für Lesben beinhaltete, gründete sich 1986 in Folge der Tagung in Bad Boll also die LuK (Lesben und Kirche) als eigenständige Gruppe, wobei es auch lesbische Frauen gab, die in der HuK blieben. Verbindungen zwischen HuK und LuK gab es nicht, und eine Arbeitsgemeinschaft von Lesben unter dem Dach der HuK, die sich 1986 gegründet hatte, ging bald wieder ein. Die LuK war Teil der evangelischen Frauenarbeit und seit 1989 auf evangelischen Kirchentagen präsent. Als ihr Hauptarbeitsfeld sah sie die Aufklärungsarbeit an, darum bot sie an, in Kirchengemeinden Informationsveranstaltungen durchzuführen. Bei ihrer Gründung herrschte wie auf der Tagung in Bad Boll der Eindruck vor, lesbische Frauen müssten sich in der Kirche eigentlich verstecken – Ziel war es also, den Mut zur Öffentlichkeit zu haben.

Nach den politischen Umbrüchen wurde auch die LiK 1993 in die Evangelische Frauenarbeit aufgenommen, nachdem die bisherige Schutzdachfunktion der Kirche in Ostdeutschland wegfallen konnte. Andere Vereinigungen lesbischer Frauen im Raum der Kirche sind Labrystheia (die Doppelaxt), ein 1989 gegründetes Netzwerk lesbischer Theologiestudentinnen, Vikarinnen und Diakoninnen) und MuM (Maria und Martha) ein seit 1986 bestehendes Netzwerk für lesbische kirchliche Mitarbeiterinnen.

IX. Der »Fall« Klaus Brinker

Klaus Brinker, geboren 1937, war ein »Spätberufener«, der zuvor Verwaltungsangestellter gewesen war und dann eine seminaristische Ausbildung durchlaufen hatte. Er vertrat seit dem 1. September 1978 als Hilfsgeistlicher (also in einem Probedienstverhältnis) die 1. Pfarrstelle der Matthäus-Gemeinde in Hannover-List. Er bewarb sich auf die Stelle, als sie 1979 ausgeschrieben wurde. Der Kirchenvorstand akzeptierte die Bewerbung nicht einhellig, was rechtlich notwendig gewesen wäre, und dabei spielte Brinkers Homosexualität eine Rolle, vor allem aber, dass er diese »Prägung in fester Partnerschaft in der Gemeinde lebe«. Der Gemeindepfarrer, Friedrich Drude, sprach daraufhin Brinker an, der das Gerücht bestätigte: »Er habe sein Anderssein als ihm von Gott auferlegtes Geschick bejahen gelernt.« Auf einer Kirchenvorstandsfreizeit wurde mit Brinker dann ein Gespräch geführt, bei dem Hans-Christoph Piper die Leitung hatte. Piper war Klinikpfarrer in Hannover und zu dieser Zeit ein prominenter Seelsorgelehrer, da er zu denen gehörte, die die aus den Vereinigten Staaten stammende Klinische Seelsorgeausbildung (KSA) in Deutschland etablierten.

Am 28. Mai 1979 wurde Brinker vom Landeskirchenamt in Hannover auf eine außergemeindliche Stelle am Studienseminar in Göttingen versetzt, wogegen Brinker mit Hilfe des später als SPD-Politiker bekannt gewordenen Rechtsanwalts Gerhard Schröder Einspruch vor dem »Rechtshof« der Konföderation evangelischer Kirchen in Niedersachsen, also dem kirchlichen Verwaltungsgericht, erhob. Letztlich wollte Brinker aber auch selbst die Matthäus-Gemeinde verlassen, da dort die Fronten verhärtet seien, und er strebte einen übergemeindlichen Dienst in Hannover an. Einen gewissen Erfolg hatte Brinker mit seinem Ansinnen, denn er erhielt zum 1. September 1979 einen Dienstauftrag zur Hilfeleistung als Klinikpfarrer am Klinikum der Medizinischen Hochschule Hannover, also dort, wo Hans-Christoph Piper tätig war. 1981 wurde Brinker aus dem kirchlichen Dienst entlassen, weil er an seiner Partnerschaft festhielt und sein »Lebenszeugnis« im Widerspruch zur gottgewollten Gemeinschaft von Mann und Frau, die auf Nachkommenschaft angelegt sei, stehe, wie es in einer Pressemitteilung der Hannoverschen Landeskirche hieß. Zu einem letzten Gespräch im Landeskirchenamt am 26. Februar 1981 wurde Brinker von Piper begleitet.

Die Entlassung wurde vom kirchlichen Rechtshof gebilligt und die Klage Brinkers dagegen abgewiesen. Der Kirchenleitung wurde hier auf der Grundlage des kirchlichen Dienstrechts Recht gegeben. Ein Verstoß gegen das Diskriminierungsverbot des Grundgesetzes wurde nicht gesehen, da die Kirche für ihren öffentlichen Auftrag besondere Anforderungen stellen könne. In der Urteilsbegründung hieß es auch: »Die Kirche ist nicht verpflichtet, sich zum Vorreiter von Entwicklungen zu machen, die von einer Minderheit der Bevölkerung erstrebt werden, jedoch in der überwiegenden Mehrheit der Bevölkerung und der Kirchenangehörigen bisher keine Anerkennung gefunden haben. Gerhard Schröder kritisierte die Kirche für ihre Widersprüchlichkeit, ihre dogmatische Ablehnung der Homosexualität zwar relativiert zu haben, aber von ihren homosexuellen Pfarrern verlange, mit einer Lebenslüge herumzulaufen. 1984 scheiterte auch das Revisionsverfahren vor dem Verfassungs- und Verwaltungsgericht der VELKD.

1986 kam Brinker als Nachrücker und »nichtgeistliches Ersatzmitglied« in die Hannoversche Landessynode. Nach seiner Entlassung arbeitete er hauptberuflich in der AIDS-Hilfe und engagierte sich in der HuK. In einem landeskirchlichen »Runden Tisch« zum Umgang mit homosexuellen Partnerschaften arbeitete er mit. Als »Untergrundpastor« war er ein gefragter Prediger. Am 31. August 2003 starb er mit 65 Jahren. Bei seiner Trauerfeier in der Marktkirche in Hannover hielt die Landesbischöfin Margot Käßmann die Predigt. Der 1984 wie Brinker vom Dienst suspendierte Pfarrer Hans-Jürgen Meyer leitete die Trauerfeier, die von 500 Menschen besucht wurde. Käßmann äußerte sich zum Thema Homosexualität eher defensiv. In einem Interview mit der Hannoverschen Allgemeinen Zeitung, das am 2. September 2003 veröffentlicht wurde, äußerte sie die Angst vor einer Kirchenspaltung.

Während die Kirchenleitung die Instrumente des Dienstrechts anwandte und damit der zu dieser Zeit gesamtkirchlichen Auffassung zur Durchsetzung verhalf, homosexuelle Pfarrer und auch kirchliche Mitarbeiter dürften nicht zu ihren Partnerschaften stehen, regte sich auf verschiedenen anderen kirchlichen Feldern Widerspruch. Brinkers Gemeinde in Hannover engagierte sich für ihn: Unterschriften wurden gesammelt, Briefe an die Kirchenleitung verfasst und an den Kirchenvorstand appelliert. Am 7. Juni 1979 kam es zu einer außerordentlichen Gemeindeversammlung, die mehrheitlich Brinkers Bewerbung unterstützte. Der Kirchenvorstand unter seinem Vorsitzenden, Pastor Friedrich Drude, zollte Brinker persönlichen Respekt, konnte sich aber zu einer Revision seiner Entscheidung nicht verstehen. Drude zog sich ganz auf die formale Position zurück: Es fehlte eben an der Einhelligkeit im Kirchenvorstand.

In den Debatten in der Gemeinde kamen die drei in dieser Zeit typischen Positionen zum Tragen: Die einen meinten, die biblischen Aussagen über Homosexualität seien zeitbedingt und Homosexualität sei letztlich Privatsache, die anderen, Brinkers Bleiben würde die Gemeinde überfordern, und die dritten, Homosexualität sei widernatürlich und Brinker müsse »eine Änderung seiner Prägung anstreben«. Diese Auffassung vertrat auch der Hannoveraner Landessuperintendent Otto Schnübbe, ein auch in anderen Kontexten wie der Nachrüstungsdebatte unverkennbar konservativer Kirchenvertreter, der auf der außerordentlichen Gemeindeversammlung Brinker riet, doch seine Homosexualität zu verschweigen und zu sublimieren: Die biblische Zielsetzung der Sexualität seien eindeutig Ehe und Kinder. Dann könne Brinker in der Gemeinde großartige Dienste tun.

Hans-Georg Wiedemann, der in der HuK sehr aktiv war, wandte sich im gleichen Jahr 1979 an Landesbischof Eduard Lohse und begründete sein Engagement in der Sache (und für Klaus Brinker) auch mit seinen Erfahrungen aus der Telefonseelsorge, in der es viel Ratlosigkeit beim Thema Homosexualität gebe. Wiedemann berief sich auf für ihn ermutigende Äußerungen Lohses in einem Interview, in dem sich der Landesbischof gegen die Diskriminierung Homosexueller ausgesprochen hatte. Lohse erhielt unzählige weitere Briefe von Menschen, die von ihm eine Unterstützung Brinkers erhofften oder sich grundsätzlich zum Thema äußerten. Zum »Fall Brinker« verfassten die Professoren für Praktische Theologie Manfred Josuttis (Göttingen) und Christof Bäumler (München) wie auch Hans-Georg Wiedemann Gutachten, deren Fazit sich so zusammenfassen lässt: Die theologischen Argumente für die Entlassung Brinkers waren schwach, und die Berufung der

Landeskirche auf die Notwendigkeit eines Zeugnisses durch die Lebensführung war nicht tragfähig, weil Homosexualität nur eine Art von Sexualität ist.

Eine Solidarisierung mit Brinker kam auch aus den Reihen der »linken« Synodenpartei »Offene Kirche«. Der ihr und auch der HuK angehörende Pfarrer Herbert Seegelken sah im »Fall Brinker« eine Chance für die Kirche, ihre Stellung zur Homosexualität zu überdenken und dabei auch die neueste Forschung der Exegese wie der Sexualwissenschaft zu berücksichtigen. In ihrem internen Organ, den »Materialien zur Arbeit der ›Gruppe Offene Kirche‹« (MAGOK) wurde 1979 der Vorgang um Brinker dokumentiert, und hier wurde auch die Stellungnahme des Kirchenvorstands – letztlich war es eine Stellungnahme Pastor Friedrich Drudes – abgedruckt.

Innerhalb der Hannoverschen Landeskirche kam es zu weiteren Solidarisierungen mit Klaus Brinker. 19 seiner ehemaligen Studienkollegen wandten sich an Landesbischof Lohse mit dem Ziel, »mit dieser Initiative die Diskussion um die Integrationsfähigkeit der evangelischen Kirche gegenüber homosexuellen Mitgliedern eine neue Wendung« zu geben. Es gebe 80 Pastorinnen und Pastoren mit homosexuellen Neigungen in der Hannoverschen Landeskirche, was auch Bischof Lohse wisse. Nicht zuletzt wurde auf die Niederlande, Schweden und Berlin hingewiesen, wo homosexuelle Pfarrer ungehindert Dienst tun dürften. Die »Interessenvertretung Hannoverscher Vikare« (IHV) meldete sich ebenfalls mit Kritik am kirchenamtlichen Umgang mit Brinker zu Wort. Brinker selbst verwies auf schätzungsweise 60 evangelische und katholische Pfarrer, die in der Initiative »Homosexuelle und Kirche« mitarbeiteten. Das ließ sich auch als Aufruf verstehen, Öffentlichkeit durch

Outings herzustellen – dazu kam es freilich nicht. Die meisten »Betroffenen« schwiegen.

Nicht zuletzt war der kirchenamtliche Umgang mit Klaus Brinker für die HuK ein Anstoß für ein stärkeres Engagement in der kirchlichen Öffentlichkeit. Kritisiert wurde die Behauptung des Landeskirchenamtes Hannover, Brinker fordere die Fortsetzung seiner Partnerschaft mit dem Anspruch auf öffentliche Anerkennung. Das eben sei gar nicht der Fall, vielmehr verwahre Brinker sich nur gegen die kirchliche Forderung, er solle seine Partnerschaft beenden. Vonseiten der HuK wurde besonders betont, Brinker wolle ja gar keine Anerkennung seiner Partnerschaft im Sinne einer »homophilen Ehe«. Kurios wirkte aus Sicht der HuK auch die Aufforderung an Brinker, seine Partnerschaft zu beenden, wo doch Homosexuellen sonst immer vorgeworfen wurde, sie seien unfähig zu dauerhaften Beziehungen.

Auf der anderen Seite unterstützte Gerhard Naujokat, Generalsekretär des Weißen Kreuzes, die Position der Landeskirche: Homosexualität dürfe nicht öffentlich und mit eheähnlichem Anspruch gelebt werden, denn dies widerspreche der Bibel. Differenziert wurde auch von Naujokat zwischen dem Leben in homosexuellen Partnerschaften, das gänzlich abzulehnen sei, und der homosexuellen Orientierung Einzelner, die vor Verachtung und Diskriminierung zu schützen seien, wenn auch zu hoffen sei, dass sich diese Orientierung noch ändere. Ähnlich äußerte sich der Sprecherkreis der konservativen Synodenpartei »Lebendige Volkskirche«, der auch noch das gängige Motiv einer desorientierenden Wirkung Brinkers auf die Jugendlichen in seiner Gemeinde anführte.

Brinker selbst brachte zu seinen Gunsten ins Spiel, dass er doch mit einem Partner zusammenlebe, was freilich eine zusätzliche Provokation in einer Zeit war, in der noch nicht einmal unverheiratete heterosexuelle Paare im Pfarrdienst zusammenleben konnten. Dementsprechend lehnte das kirchliche Gericht dieses Argument auch ab. Brinker selbst kam in der Öffentlichkeit, weit über die Kirche hinaus, in eine immer exponiertere Stellung und äußerte sich so: »Die Scheiterhaufen brennen nicht mehr so hell, aber sie brennen noch. Wer heute Homosexuelle bestraft, macht dies morgen mit anderen Minderheiten. Wir müssen endlich etwas Neues denken.«

Viele Texte aus der Kontroverse um Klaus Brinker wurden von Helmut Kentler 1983 in einem Buch veröffentlicht: »Die Menschlichkeit der Sexualität. Berichte – Analysen – Kommentare ausgelöst durch die Frage: Wie homosexuell dürfen Pfarrer sein?« Abgedruckt waren hier u. a. die Gutachten von Wiedemann, Josuttis und Bäumler, abgedruckt waren aber auch zwei Texte, die 1979 und 1980 unmittelbar auf den Fall Brinker reagierten: Es handelte sich dabei um eine »Vorläufige Stellungnahme« des Theologischen Ausschusses der VELKD, die die Bischofskonferenz der VELKD »aus gegebener Veranlassung« angefordert hatte, und um die »Orientierungshilfe« des Lutherischen Kirchenamtes der VELKD »Gedanken und Maßstäbe zum Dienst von Homophilen in der Kirche«.

Der Umgang mit Klaus Brinker wurde deutschlandweit auch in außerkirchlichen Medien bekannt. Im Deutschlandfunk wurde 1985 ein Radiofeature unter dem Titel »Im Zeichen der Brüderlichkeit? Kirche verbannt homosexuelle Pastoren« gesendet. Interviewt wurden Brinker und der Hannoversche Oberkirchenrat Peter Kollmar, der sagte, es gehe nicht um die Diskriminierung von Homosexuellen, sondern um die Glaubwürdigkeit der Kirche in ihrem Anspruch auf das Eheverständnis. Kollmars Schlusswort lautete: »Ich könnte mir auch vorstellen, dass in 15 bis 20 Jahren die Einstellung der Gesellschaft zu diesem Problem der Homosexualität anders ist. Aber im Augenblick, so wurde wenigstens auch in diesem Gerichtsurteil im Falle Brinker festgestellt, kann man von einer Kirchenleitung nicht erwarten, dass sie die Avantgarde darstellt und sich damit im Widerspruch zu einer Auffassung, die in der Gesamtgesellschaft herrscht, setzt.« In gewisser Weise hatte Kollmar mit seiner Vorhersage auch Recht.

X. Die Intensivierung der innerkirchlichen Debatten in den 1980er Jahren

Die Auseinandersetzungen um Klaus Brinker können als Katalysator für eine erhebliche Fortentwicklung der Debatten angesehen werden. Seine Maßregelung wurde schon auf dem Kirchentag in Nürnberg 1979 zum Thema. Brinker äußerte sich hier dahingehend, er fühle sich nicht als Märtyrer, sondern sei in die Rolle des Vorkämpfers hineingedrängt worden. Auf dem Kirchentag wurden 4.700 Unterschriften für eine Resolution gesammelt, die gegen die Versetzung Brinkers vom Pfarrdienst in den Dienst am Studienseminar Göttingen protestierte. Brinker wurde im Zusammenhang seiner Entlassung von der Hannoverschen Landeskirche vorgeworfen, er habe sich trotz einer Empfehlung zu schweigen, öffentlich und auch auf dem Nürnberger Kirchentag geäußert. Auf dem Hamburger Kirchentag 1981 wurden erneut Unterschriften – es waren rund 3.500 – für Brinker gesammelt, der zu diesem Zeitpunkt schon aus dem kirchlichen Dienst entlassen worden war.

Brinker selbst verfasste einen vertraulichen »Bericht über meine ›halb-öffentliche‹ Existenz als homophiler Pfarrer in der Ev.-luth. Landeskirche Hannovers«, in dem er davon berichtete, dass es viele Anfragen und Gespräche gegeben habe, in denen auch das große Bedürfnis deutlich geworden sei, »gerade durch die Kirche Verständnis, Annahme und Akzeptation zu erfahren«. Brinker vermerkte auch »Unmut über die Ideologisierung der Eheproblematik im Zusammenhang mit der Auseinandersetzung um mögliche homophile Lebensgestaltung« bei heterosexuellen Pfarrern und kirchlichen Mitarbeitern. Zu seinem Bericht gehörte auch eine Rubrik »Versuch zu neuen Schritten«, die darauf hinausliefen, homosexuellen Pfarrern zu Gleichbehandlung im Pfarrdienst zu verhelfen. In einem »Vermerk für den Landesbischof« konstatierte der zuständige Referent im Landeskirchenamt, vernünftige Erwägungen seien mit unvernünftigen gemischt worden: »Dabei fällt wieder das Confessorische, sprich das Werbende für Homophilie, auf.«

Inhaltlich stand im Mittelpunkt der Kontroverse um Brinker vor allem der Hauptgrund seiner Entlassung aus dem Pfarrdienst, nämlich sein Zusammenleben mit einem Partner, also seine »offen gelebte« Homosexualität. In einer Zeit, in der klar wurde, dass das evangelische Pfarrhausideal durch den gesellschaftlichen Wandel und die nicht mehr zu verheimlichenden Scheidungsraten tiefe Risse bekommen hatte, wollte man dieses Ideal nicht auch noch durch homosexuelle Partnerschaften von Pfarrern untergraben wissen. Hinzu kam die steigende Zahl unverheiratet zusammenlebender Paare, und so war einer der Entlassungsgründe Brinkers auch, durch sein Beispiel werde die ohnehin herrschende Eheunwilligkeit noch verstärkt. Im Windschatten der Auseinandersetzungen um Brinker konnte darum aus Kreisen Theologiestudierender auch Protest gegen den kirchenamtlichen Verpflichtungscharakter der Ehe erhoben werden – man wollte eben »ohne Trauschein« zusammenleben.

Das Thema Homosexualität konnte aber auch noch ganz grundsätzlich zum Streitfall werden: 1979/80 kam es zu einer heftigen, brieflich ausgetragenen Kontroverse zwischen dem »Weißen Kreuz«, namentlich Gerhard Naujokat, und Heinz Brink von der HuK. Im Kern ging es um die Frage, ob Homosexualität therapierbar sei, und dafür stand aus Sicht des Weißen Kreuzes ein 21 Jahre alter Mann, der sich »bekehrt« hatte, aber sich bald darauf das Leben nahm – für Brink ein Beweis für die »kaputtmachende Seelsorge des ›Weißen Kreuzes‹«. In Berlin kam es bei einer Veranstaltung zum 90-jährigen Jubiläum des Weißen Kreuzes, die im Rahmen des »Missionarischen Jahres« zusammen mit der Evangelischen Allianz durchgeführt wurde, zu Protesten, an denen auch die HuK-Protagonisten Heinz Brink und Udo Kelch beteiligt waren, die dort Flugblätter verteilten. Naujokat und andere beschwerten sich bei Bischof Martin Kruse. Ungeklärt blieb, ob Brink und andere die Veranstaltung wirklich gestört hatten oder ob sich die Teilnehmer der Veranstaltung einfach nur gestört fühlten. Von beiden Seiten wurde scharf geschossen, denn das Thema Homosexualität wurde auf evangelikaler Seite zu einem zentralen Punkt, der für die allgemeine Zersetzung der Gesellschaft stand. Die HuK versuchte ja zu dieser Zeit immer noch, mit evangelikalen Gruppen ins Gespräch zu kommen; dies war aber erfolglos bzw. mit der Erfahrung verbunden, Sündhaftigkeit und Therapierbarkeit zugeschrieben zu bekommen. Beteiligt an den Kontroversen war auch Christa Meves, EKD-Synodalin und als »Psychagogin« häufig als Expertin auf evangelikaler Seite zu finden. 1987 wurde sie katholisch. Beteiligt war auch der Biologe Joachim Illies, ebenfalls Mitglied der EKD-Synode. Illies wurde bald darauf zum Künder eines rassistischen Biologismus. Er schrieb 1980 an Oberkirchenrat Horst Reller von der VELKD, der böse Feind sei in voller Regimentsstärke ausgerückt, und sein Zauberwort heiße »Siehe, ich mache alles gleich«.

Einen zeitgemäßen theologisch-ethischen Standpunkt markierte die 1980 erschienene siebte Auflage des Evangelischen Soziallexikons mit ihrem Artikel Homosexualität, der von dem Marburger Sozialethiker Siegfried Keil und dem Generalsekretär der Deutschen Bibelgesellschaft, Siegfried Meurer, verfasst war. Keil thematisierte wie so viele die vermuteten Ursachen der Homosexualität und erklärte ausdrücklich der Verführungsthese eine Absage. Er löste auch die Alternative Homosexualität-Heterosexualität auf: »Man kann vielmehr davon ausgehen, daß alle Menschen mit homo- und heterosexuellen Möglichkeiten geboren werden, die sich je nach - vor allem frühkindlichem - Sozialisationsverlauf entfalten oder verkümmern.« Siegfried Meurer kritisierte aus bibelwissenschaftlicher Sicht kirchliche Äußerungen, die die Homosexualität zur »Fehlform« erklärten: Die biblischen Aussagen seien in ihrem geschichtlichen Rahmen zu verstehen, und die Berufung auf die Natur und die Schöpfung seien theologisch überholt. Diese Position hatte Meurer im Wesentlichen schon in einem 1974 in der »Zeitschrift für Evangelische Ethik« veröffentlichten Aufsatz vertreten.

Eine Parallele zum »Fall Brinker« bildete im weiteren Verlauf der 1980er Jahre der Fall des ebenfalls in der Hannoverschen Landeskirche tätigen Pfarrers Hans-Jürgen Meyer, der in der Epiphanias-Gemeinde in Hannover tätig war und dort mit seinem Partner im Pfarrhaus wohnte. Meyer war seit 1980 in der HuK aktiv. Anders als Brinker, der noch nicht in ein Dienstverhältnis auf Lebenszeit übernommen worden war, konnte Meyer nicht einfach entlassen werden. So wurde er einem Disziplinarverfahren (»Amtszuchtverfahren«) unterzogen. Es war Brinkers Anwalt Gerhard Schröder gewesen, der Meyers Namen - mit dessen Einverständnis - öffentlich gemacht hatte. Die Debatten wiederholten sich, und Meyer wurde 1984 vom Dienst suspendiert, eben weil er seine Liebe leben wollte. Auch in Meyers Fall kam es zu einer Gemeindeversammlung, aber nicht zu einem Votum, da ungefähr ein Drittel der Teilnehmenden die Versammlung vor der Abstimmung über ihn verließ. Die Kontroversen in der Gemeindeversammlung zeigten die übliche Bandbreite, wobei der Konflikt um seine Person teilweise von den Auseinandersetzungen über die Friedensthematik überlagert wurde, da er auch für sein Engagement in der Friedensbewegung kritisiert wurde. Im August 1994 segnete Meyer in Hannover-Laatzen ein schwules Paar - erstmals in Niedersachsen, wie die »Landkreis-Zeitung Süd« am 29. August 1994 berichtete. Die Landeskirche distanzierte sich davon, da es kirchliche Segenshandlungen an »Homophilen« nicht gebe.

Die »taz« titelte am 16. März 1985 im Zuge des Disziplinarverfahrens gegen Meyer: »Die evangelische Kirche auf dem Weg ins Mittelalter. Zwangszölibat für schwule Pastoren«. Mit einer Anspielung auf den Film von Rosa von Praunheim sagte Manfred Josuttis bei einer Demonstration der HuK vor dem Landeskirchenamt in Hannover im November 1984: »Nicht der homosexuelle Pastor ist pervers, sondern die kirchliche Institution, die meint, ihn im Namen Gottes von der Kanzel entfernen zu müssen.« Meyer wurde gerichtlich ebenfalls von Gerhard Schröder vertreten. Er wurde 1985 vom Dienst suspendiert, aber im Oktober 1986 für den Dienst in der Behindertenarbeit wieder eingestellt und sechs Monate später wieder suspendiert, da er den kirchlichen Erwartungen nicht entsprochen hatte, seine Partnerschaft zu beenden. 1989 wurde Meyer mit auf 65% gekürzten Bezügen in den Wartestand versetzt, er durfte aber bald wieder Gottesdienste halten. Danach engagierte er sich in der Behindertenarbeit, in der Gefängnisseelsorge und in der HuK. Auch mit Meyer solidarisierten sich viele Gemeindeglieder, kirchliche Mitarbeiter und die Synodenpartei »Offene Kirche«, und es gab eine große Zahl von Diskussionsveranstaltungen, schriftlichen Protesten und Betroffenheitserklärungen. Für die HuK war der »Fall Meyer« wiederum ein Kristallisationskern für öffentliche Äußerungen. Zu den Kuriositäten des Vorgangs gehörte im Übrigen, dass die kirchliche Versicherung »Bruderrechtsschutz« ihrem Kunden Meyer keinen Rechtsschutz bezahlen wollte.

1993 beschloss die Hannoversche Landessynode mit 44 zu 43 Stimmen und zwei Enthaltungen, homosexuelle Pfarrerinnen und Pfarrer dürften auch dann im kirchlichen Dienst bleiben, wenn sie offen in einer Partnerschaft lebten. Die Umsetzung dieses Beschlusses vereitelte der Hannoversche Landesbischof Horst Hirschler, der homosexuelle Pfarrer weiterhin zur Partnerlosigkeit verpflichten wollte. Aus Protest gegen diese Haltung ließ sich der in Bassum tätige Krankenhausseelsorger Ubbo Seegelken 1994 im Alter von 55 Jahren mit der Begründung »Kirche macht krank« in den Ruhestand versetzen. Das öffentliche Aufsehen dokumentiert ein Artikel der Frankfurter Rundschau am 29. April 1994. Seegelken hatte sich selbst geoutet und entging mit der Frühpensionierung auch einem Disziplinarverfahren.

»Fälle« gab es auch in anderen Landeskirchen, so in Baden den »Fall Engel«: Herbert Engel hatte sich noch als Theologiestudent von seinem Landesbischof Klaus Engelhardt 1984 zusichern lassen, dass seine Homosexualität und das Zusammenleben mit seinem schwulen Freund kein Hindernis für seine Ordination darstellten. Gegen ihn wie gegen andere wurde die »Orientierungshilfe« der VELKD von 1980 eingesetzt: Die Ordination wurde ihm verweigert, weil er in einer festen homosexuellen Partnerschaft lebte. Das Angebot eines Sonderpfarramts, das ihm schon gemacht worden war und das er auch angenommen hätte, wurde zurückgezogen. Die kirchenamtliche Unsicherheit zeigte sich auch in einer Anfrage der Badischen Landeskirche bei der Hannoverschen - der offensichtlich angesichts des Falles Brinker hohe Kompetenz beigemessen wurde: Steht das Lebenszeugnis eines Pfarrers schon mit der Botschaft der Kirche im Widerspruch, wenn er eine homosexuelle Partnerschaft öffentlich lebt, oder erst, wenn er den Anspruch hat, dass eine solche Partnerschaft einer Ehe gleichwertig ist? Hier war ein Thema berührt, das überhaupt erst rund 15 Jahre später in kirchlichen Verlautbarungen zum Lebenspartnerschaftsgesetz angesprochen werden sollte.

Rückendeckung bekam Engel durch viele Sympathisanten; nicht zuletzt verwandte sich Manfred Bruns durch einen Brief an Landesbischof Engelhardt für ihn, der 1986 im »HuK-Info« abgedruckt wurde. Bruns, der als Anwalt am Bundesgerichtshof in Karlsruhe sich gerade selbst geoutet hatte, übte scharfe Kritik am Verhalten der Badischen Landeskirche und begann sein Schreiben mit dem Satz: »Die Homosexuellen sind von den Kirchen ebenso wie die Juden jahrhundertelang verfolgt und diskriminiert worden.« Landesbischof Engelhardt ließ ausweichend antworten und reagierte auch nicht auf ein zweites Schreiben von Bruns.

Herbert Engel wurde 1987 nach einem Prozess vor dem kirchlichen Verwaltungsgericht aus dem Dienst entlassen und erhielt eine Abfindung von 30.000 DM, damit er, wie von ihm gewünscht, eine psychotherapeutische Ausbildung beginnen könne. Im gleichen Jahr beschloss die badische Kirchenleitung, homosexuelle Pfarrer könnten zwar in den Dienst übernommen werden, dürften aber »ihre Veranlagung nicht leben«. Das bekräftigte Landesbischof Engelhardt noch 1994 in einem Fernsehinterview, und dabei blieb es auch.

In dem 1991 vom ZDF ausgestrahlten Film »Solange sie es heimlich tun« machte Engel seine Erfahrungen mit der Badischen Landeskirche publik. In der Badischen Landeskirche begann ein Diskussionsprozess, es blieb aber einstweilen bei der restriktiven Linie gegenüber homosexuellen Pfarrern. Vonseiten der kirchlichen Schwulen- und Lesbengruppen ergingen kritische Anfragen an die Badische Landeskirche und vor allem an Landesbischof Engelhardt. Daraus entwickelte sich ein Spannungsfeld liberaler und konservativer Gruppen und Christen in Baden, das 2001 noch durch das Lebenspartnerschaftsgesetz aufgeladen wurde. Unter den vielen Stellungnahmen hatte die der Pfarrfrauenvertretung in Baden von 2002 ein ganz eigenes Gepräge, denn hier wurde ganz pragmatisch gefragt, wer eigentlich die immer wieder geforderte Einzelfallprüfung für das Zusammenleben im Pfarrhaus vornehmen solle und warum man solche Prüfungen nicht auch im Blick auf den Umgang mit Alkohol, den Umgang mit Frau und Familie oder den allgemeinen Lebenswandel vornehme. Von konservativer Seite aus kam scharfe Kritik an Plänen für die Segnung gleichgeschlechtlicher Paare, die im Kirchenbezirk Karlsruhe 2002 diskutiert wurden. Christa Spilling-Nöker hat dann in ihrem 2006 erschienenen Buch »Wir lassen Dich nicht, Du segnest uns denn« die Vorgänge um Engel dokumentiert.

In den 1980er Jahren wurde deutlich, dass das Thema auch eines für die Diakonie war. Eine Handreichung des Diakonischen Werkes der Evangelischen Kirche von Westfalen mit dem Titel »Diakonie und Homosexualität« plädierte 1985 dafür, alle Berufe in der Diakonie auch für Homosexuelle zu öffnen, auch die Jugendarbeit, da es keine Hinweise darauf gebe, dass sexueller Missbrauch von Abhängigen bei Homosexuellen verbreiteter sei als bei Heterosexuellen. Homosexualität sei ein »tief verwurzeltes Persönlichkeitsmerkmal«. Homosexuelle Mitarbeiter und auch Mitarbeiterinnen, die hier einmal ausdrücklich vermerkt werden, sollten aber Beratung in Anspruch nehmen, um für sie ein Arbeitsfeld zu finden, auf dem eine gedeihliche Zusammenarbeit möglich wäre. Diese Handreichung fand weit über Westfalen hinaus Beachtung, nicht zuletzt im Rheinland, wo man sich aber nicht dazu verstehen konnte, sie zu übernehmen.

Die steigende Rate an HIV-Infektionen (AIDS) und vor allem ihre Diagnose in den frühen 1980er Jahren spielte in kirchlichen Publikationen kaum eine Rolle, wohl aber in den Gruppen schwuler Christen. In den Mitteilungen der HuK kam das Thema faktisch in jeder Ausgabe vor. In sehr frommen Kreisen sah man darin eine Strafe Gottes für Homosexualität, aber dies wurde auch sonst in der Gesellschaft oft so gesehen: Die Schwulen waren eben selbst schuld, sie waren pervers und sollten ihre Strafe erhalten. Andererseits führte die neue Krankheit auch zu selbstkritischen Debatten unter Homosexuellen, was ihre sexuelle Praxis anging. Die EKD veröffentlichte 1988 eine Stellungnahme mit dem Titel »AIDS – Orientierung und Wege in der Gefahr«. Hier wurden Kirche und Diakonie dazu angehalten, seelsorgerliche und medizinische Hilfe zu bieten. Etwas verklausuliert wurde zur »Annahme des Mitmenschen, zu der uns Gott gerufen hat«, aufgerufen, und als solche Mitmenschen, »deren Verhalten wir nur schwer verstehen und deren Wertvorstellungen wir nicht teilen«, wurden in einem Atemzug Drogenabhängige, Homosexuelle und Prostituierte genannt.

XI. Die »Orientierungshilfe« der VELKD von 1980

Mitten in die Maßregelung Klaus Brinkers durch die Hannoversche Landeskirche und die sich daran entzündenden Debatten fiel ein Text, der sich fast wie ein lehramtliches Dokument gab: Die »Orientierungshilfe« der Vereinigten Evangelisch-Lutherischen Kirche (VELKD) unter der Überschrift »Gedanken und Maßstäbe zum Dienst von Homophilen in der Kirche«. Ihr vorausgegangen war eine durch den »Fall Brinker« ausgelöste »Vorläufige Stellungnahme« des Theologischen Ausschusses der VELKD vom September 1979. Die Kontroversen um Brinker, laut Landesbischof Lohse »eine neue Problematik«, bekamen also einen ins Grundsätzliche gehenden Kontext. Sexualität, so die »Vorläufige Stellungnahme«, sei zu einem Thema menschlicher Selbstverwirklichung geworden. »Übertriebene und fehlorientierte Erwartungen führen dann zu der Bereitschaft, in dieser Dimension des Lebens keine Grenzen mehr zu respektieren. In diesem größeren Kontext ist auch die öffentliche Bedeutung der Frage nach der Homosexualität und die große Bereitschaft, auf sie einzugehen, zu sehen.« Der Kirche sollte nun die Aufgabe zukommen, den gesellschaftlichen Wandel in der Beurteilung der Homosexualität nicht einfach nachzuvollziehen, sondern eine eigenständige kirchliche und theologische Beurteilung durchzuführen. Dabei sollte die »Kontinuität des kirchlichen Lehrens und Handelns« zur Geltung gebracht werden – der Bezugspunkt dafür sollte die Denkschrift der EKD zu Fragen der Sexualethik von 1971 sein.

Vor allem aber wurde den Pfarrern in ihrer Lebensführung eine Leitbildfunktion zugeschrieben, da sie als Amtsträger der Kirche auch Repräsentanten der kirchlichen Lehre seien und sein sollten. Homosexualität war also nicht Teil der Privatsphäre, sondern Teil der Amtsführung, »denn die Kirche will nicht durch ihre Amtsträger ein Wegweiser in die Homosexualität sein«. Freilich seien »Fälle von Homosexualität von Pfarrern« individuell zu behandeln und damit seelsorgerlich, was nur heißen konnte, dass diese versteckt und verschwiegen werden sollte, da offen gelebte Homosexualität »der wegweisenden und orientierenden Aufgabe des Pfarramtes als eines Amtes der Kirche widerspricht«.

Der Theologische Ausschuss der VELKD hatte bei seiner »Vorläufigen Stellungnahme« den theologischen Kriterien einen Vorzug vor den humanwissenschaftlichen gegeben und für die theologischen Kriterien postuliert, dass sie »sich nicht in der Anpassung an Trends verlieren« dürften. »Darum darf eine zeitgemäße, differenzierte Beurteilung der Homosexualität nicht bereits ihre kirchliche und theologische Bejahung sein.« »Die Kirche« wurde in der »Vorläufigen Stellungnahme« zur entscheidenden Größe, der auch eine Vorbildfunktion für die Gesellschaft zugeschrieben wurde, da sie eine besondere Verantwortung habe und sich fragen müsse, welche Haltung und Entwicklung sie durch ihr eigenes Verhalten und Lehren befördern wolle. Von der Kirche führte der Gedankenweg gut lutherisch zum Amt, dem ebenfalls ein »wegweisender und orientierender Auftrag« zugemessen wurde. In einer Zeit, in der das evangelische Pfarrhaus durch die Frauenordination, die Berufstätigkeit von Pfarrfrauen und steigende Scheidungsraten ohnehin großen Veränderungen unterworfen war, sollte es also an dieser Stelle wenigstens stabilisiert werden. Pfarrer (womit angesichts des »Falles Brinker« sicher nur Männer gemeint waren) durften ihre Homosexualität also nicht offen »bekennen« oder leben; dies würde den »wegweisenden und orientierenden Auftrag des kirchlichen Amtes« beeinträchtigen. Im Hintergrund stand also offenbar immer noch die Vorstellung, Homosexualität würde durch schlechte Vorbilder übertragen. Dass man die Humanwissenschaften an dieser Stelle ausblendete und sich auf theologische Kriterien konzentrierte, die völlig unreflektiert ein längst durch andere Lebensentwürfe infrage stehendes Amtsideal zu konservieren versuchten, lässt sich nur so erklären, dass der »Fall Brinker« tatsächlich eine starke Signalwirkung hatte, die man zu unterbinden versuchte. Darauf lief es dann auch bei Begründung der Entlassung Klaus Brinkers aus dem kirchlichen Dienst hinaus.

Die im Januar 1980 veröffentlichte »Orientierungshilfe« der VELKD, im Übrigen initiiert durch eine Absprache in der Kirchenkonferenz der EKD, war nach der Denkschrift der EKD von 1971 tatsächlich der erste Text, der als verbindlich gelten konnte. Vorausgegangen war dem ein durch den »Fall Brinker« angestoßener Prozess in der VELKD und ihren Mitgliedskirchen, zu dem auch eine Konsultation von Referenten dieser Kirchen im Juli 1979 in Hannover gehörte. Dabei war ein Katalog von Fragen erarbeitet worden, an deren Spitze solche »zur theologischen Beurteilung der Homosexualität besonders bei kirchlichen Mitarbeitern« gehörten. Dies war also schon eine Vorentscheidung für die »Vorläufige Stellungnahme«.

Das VELKD-Papier betonte sehr deutlich die Normativität der heterosexuellen Ehe im biblischen und schöpfungstheologischen Sinne (es war von einem »Schöpfungsangebot« die Rede), und es charakterisierte Homosexualität als problematisch, wenn nicht gar als krankhaft und sündhaft, auch wenn in dem Papier durchaus zurückhaltende Tendenzen erkennbar sind, wenn es etwa hieß: »Der Homophile ist ein Mensch wie jeder andere mit bestimmten Eigenheiten und einer Verantwortung für sein Leben und für seine Beziehung zu anderen.«

Der Grundtenor aber war dieser: »Für jede Art des persönlichen Umganges mit Homosexualität, sei es die Enthaltsamkeit und Sublimierung, die Therapie oder die Selbstannahme mit dem Ziel einer partnerschaftlichen Beziehung, wird ein ›Defizit‹ bestehen bleiben. Einen Ausweg ohne das ›Annehmen eines Leidens‹ wird es nicht geben.« Das Leitbild war und blieb die »zweigeschlechtliche Gemeinschaft der Ehe«, in der »das sexuelle Streben so wie in keiner anderen Form der Gemeinschaft zur Identitätsfindung als Mann oder Frau und zur Personwerdung« beizutragen vermöge. Anders gesagt: Diversität war nur denkbar als Verschiedenheit der biologischen Geschlechter, zumal, so die »Orientierungshilfe«, in homosexuellen Partnerschaften ja die »Zeugungsgemeinschaft und die Erziehungsgemeinschaft« ausgeklammert blieben.

Auch in der »Orientierungshilfe« klang an, was die ganze Debatte über das unmittelbare Thema hinaus für eine Bedeutung hatte, wenn es in einer Passage hieß: »Heute stellt sich die Frage, ob neben Ehe und Familie andere gesellschaftliche Lebensformen, in denen sich vor allem der einzelne verwirklicht, eine Geltung erhalten können oder sollen.« Die »Ehe ohne Trauschein« bildete also die generelle Herausforderung, homosexuelle Partnerschaften die spezielle. Dass die Familie eine ebenso unsichere Größe wie die Ehe war, bestimmte die Debatten nicht ausdrücklich, war aber unübersehbar: Den Familien gingen die Kinder aus, die Geburtenrate fiel seit dem Ende der 1960er Jahre stark ab, so dass das ikonenhafte Leitbild der Kleinfamilie von vielen Paaren nicht mehr realisiert wurde. Sexualität diente schon lange nicht mehr der Kinderzeugung, und sie musste es ja angesichts der Verhütungsmöglichkeiten auch nicht mehr.

Dass auf gesicherte wissenschaftliche Erkenntnisse nicht mehr zu bauen war, spiegelte sich in der »Orientierungshilfe« wider, auch wenn ein kurzer Überblick dazu gegeben wurde. So wurde eine »Unabgeschlossenheit der Erforschung der Homophilie« konstatiert. Den Kirchenleitungen wurde geraten, das Beratungsangebot auszubauen, und das auch für kirchliche Amtsträger und Mitarbeiter. In den folgenden Jahren stellte dieser Text die Grundlage dafür dar, homosexuelle Vikare nicht in den kirchlichen Dienst zu übernehmen.

Die Studie der VELKD stieß in der Öffentlichkeit auf durchaus heftige Kritik: Die »Gesellschaft zur Förderung sozialwissenschaftlicher Sexualforschung« in Düsseldorf – eher ein politisch-sozialer Interessenverband – attestierte ihr »tiefe Furcht vor der Homosexualität« und die Übernahme »längst überholter Einteilungsschemata und Erklärungsversuche, die allesamt erfunden wurden, um die Homosexualität zu bekämpfen«. Zu lesen ist das vor allem als Votum des Präsidenten der Gesellschaft, der ein einflussreicher Akteur in der Debatte war: Helmut Kentler nämlich, der sich in dieser Zeit in vielen Kontexten äußerte und sich auf die Erkenntnisse der Sexualwissenschaft berief, die sich stark emanzipatorisch inszenierte und mit der Missbrauchsproblematik doch auch ihre dunklen Seiten hatte. Flankiert wurde die Kritik der von Kentler geleiteten Vereinigung mit einer theologischen Stellungnahme von Hans-Georg Wiedemann, der sich für die HuK äußerte und die Art und Weise der in der »Orientierungshilfe« der VELKD praktizierten Bibelauslegung hinterfragte. Vonseiten der VELKD wurde diese Kritik intern abgewiesen, da »diese ›wissenschaftliche‹ Gesellschaft von den Aufgaben her, die sie sich gesetzt hat, kaum geeignet [sei], der VELKD Unwissenschaftlichkeit vorzuwerfen«.

Auf die »Orientierungshilfe« reagierte Wiedemann dann noch ausführlicher: Er veröffentlichte 1982 das Buch »Homosexuelle Liebe. Für eine Neuorientierung in der christlichen Ethik«. Manfred Josuttis steuerte ein Vorwort bei, und das Buch enthielt auch ein Gespräch mit Helmut Kentler. Die Grundauffassung von der Andersartigkeit der »Homophilen« wurde von Wiedemann als Beleidigung aufgefasst. Die Kirche beuge sich zu den Homosexuellen wie zu armen Sündern herab, so die Kritik, wo sie doch an deren Lebenssituation nicht unschuldig sei. Die »herablassende Seelsorge« müsse also aufhören. Im Hintergrund stand natürlich die Entlassung von Klaus Brinker, wobei kritisiert wurde, dass homosexuellen Pfarrern faktisch ein Zölibat aufgezwungen wurde. 1995, schon im Zuge der Debatten im Rheinland, meldete sich Wiedemann mit dem Buch »Homosexuell. Das Buch für homosexuell Liebende, ihre Angehörigen und ihre Gegner« zu Wort. Das Werk hatte einen aufklärerischen Gestus und begann wohl nicht von ungefähr mit dem Kapitel »Die Angst vor der Homosexualität«, in dem es auch um die Aggressionen ging, die Homosexuelle nach wie vor auszuhalten hatten. Ein weiteres Kapitel befasste sich mit den Beziehungen von Eltern zu ihren homosexuellen Kindern. Der Evangelischen Kirche bescheinigte Wiedemann in einem Teilkapitel zu diesem späteren Zeitpunkt immerhin schon einen »zaghaften Aufbruch«.

Als im April 1980 in der Evangelischen Akademie in West-Berlin ein Seminar zum Thema »Dürfen Mitarbeiter der Kirche homosexuell sein« stattfand, positionierte sich der Ausbildungsreferent der West-Berliner Kirche, Karl-Heinrich Lütcke, dahingehend, dass man nicht nach der Homosexualität von Bewerbern für den kirchlichen Dienst fragen werde. Die Tagung stand also unter dem Vorzeichen der »Orientierungshilfe« der VELKD, die von einigen Teilnehmern der Tagung scharf kritisiert wurde.

Die Hannoversche Landeskirche setzte 1981 einen Sonderausschuss für die Themen »Ehe, Partnerschaft, Homosexualität« ein. Dieser brachte, anders als es die Äußerungen der VELKD taten, die Sache differenziert zur Darstellung: Er produzierte nämlich zwei Stellungnahmen. Das Mehrheitsvotum (»Bericht B«) blieb auf der Linie einer Unvereinbarkeit von homosexuellen Partnerschaften und Pfarrdienst, da andernfalls damit eine öffentliche Anerkennung solcher Beziehungen als »biblisch-kirchlich legitimiert« verbunden wäre. Der Pfarrdienst sollte also Homosexuellen, die in einer Partnerschaft lebten (die nicht bereit seien, »auf eine sexuelle Praxis mit Gleichgeschlechtlichen zu verzichten«), weiterhin verschlossen bleiben. Grundsätzlich galt für alle homosexuellen kirchlichen Mitarbeiter der Zölibat. Ihnen wie den Pfarrern blieb nur der Weg in die Verheimlichung, wenn sie mit einem Mann zusammenlebten, denn sobald dies ruchbar wurde, mussten sie sich von ihm trennen. Homosexualität galt also immer noch als etwas, auf das man verzichten konnte. Eben dafür wurde homosexuellen Mitarbeitern Beratung, Hilfe und Seelsorge angeboten. Homosexualität war, so hieß es, keine schöpfungsmäßige Variante von Sexualität, auch wenn es bei einigen Homosexuellen »feste Triebanlagen« gebe, die nicht therapierbar seien. Wie viele dieses Angebot in Anspruch nahmen, ist nicht bekannt.

Eine nachgetragene Erläuterung zu diesem Votum stellte ein Beitrag des Göttinger Landessuperintendenten und späteren

Landesbischofs Horst Hirschler dar. Er arbeitete die drei grundsätzlichen Argumentationstypen heraus: (I.) Homosexualität ist wie Heterosexualität oder Bisexualität eine Prägung, die nicht veränderbar ist. Biblische Aussagen über Homosexualität sind zeitgebunden. (II.) Die biblischen Aussagen bleiben gültig, es muss aber einen seelsorgerlichen Kompromiss geben, der es ermöglicht, homosexuelle Pastoren in den Pfarrdienst zu übernehmen, wenn sie in einer verantwortlichen Langzeitbeziehung leben. (III.) Gelebte Homosexualität im Pfarramt ist nicht tolerabel. Hirschlers zentrales Argument zur Begründung der eigenen Position war die schöpfungsmäßige Bipolarität der Geschlechter, und nur diese könne (jedenfalls im Pfarramt) gelebt werden. Die Landeskirche müsse alles vermeiden, »was in dieser ideologisch aufgeladenen Situation als Ermutigung aufgefaßt werden kann, latente homosexuelle Neigungen zu aktivieren«. Hirschler veröffentlichte auch eine Schrift mit dem Titel »Homosexualität und Pfarrerberuf«.

Das Minderheitsvotum (»Bericht A«) plädierte demgegenüber für eine Tolerierung homosexueller Partnerschaften im Pfarrdienst (und im kirchlichen Dienst überhaupt), da diese wie das Sexualleben von Heterosexuellen in den Bereich der Privatsphäre gehörten. Allerdings war auch diese Stellungnahme noch von Restriktionen bestimmt, da davon ausgegangen wurde, Gemeinden könnten ein Problem mit Mitarbeitern haben, die in gleichgeschlechtlicher Partnerschaft lebten. Anders als heterosexuelle Paare sollten homosexuelle ihre Beziehung in der Öffentlichkeit ihres Arbeitsfeldes nicht zur Darstellung bringen. Sie sollten auch nur auf Arbeitsfeldern eingesetzt werden, auf denen mit Akzeptanz zu rechnen war. Die Sache wurde letztlich an das Gewissen der Pfarrer und der

Gemeindeglieder überwiesen. Welche Folgen das für weitere »Fälle« in der Praxis hatte, lässt sich nicht ermessen.

Zur »Orientierungshilfe« gesellte sich noch ein »Kommuniqué«, das aber nur auf Wunsch der Gliedkirchen der VELKD veröffentlicht werden sollte. Man sah sich auch hier in einer Linie mit der Denkschrift der EKD »Zu Fragen der Sexualethik« aus dem Jahre 1971. Die »Orientierungshilfe« wurde in dem »Kommuniqué« als Fortschritt gewertet: »Im Unterschied zur Diskussion etwa auf dem Nürnberger Kirchentag konnte bereits ein erheblicher Schritt auf eine Versachlichung hin getan werden.« Da die homosexuelle Prägung nur noch als »eingeschränkte Entwicklungsmöglichkeit« bezeichnet werde, sei die »herkömmliche Diskriminierung der Homosexualität beseitigt«. Gegen die Kritik von Homosexuellengruppen wurde eine Gleichwertigkeit von Ehe und homosexueller Partnerschaft scharf abgewiesen. Mit dem »Kommuniqué« verabschiedete sich die VELKD wie mit der »Orientierungshilfe« aus dem Diskurs mit den Humanwissenschaften: »dass der humanwissenschaftliche Diskussionsstand zur Homophilie bisher noch unabgeschlossen sei und in bestimmten Richtungen auch jetzt Vorsicht geboten sei«, war der Weisheit letzter Schluss. Homosexualität war zwar kein Laster und keine Krankheit mehr, aber eine Art Behinderung höherer Ordnung, ein »Pfahl im Fleisch«, wie es mit einem Wort des Apostels (2Kor 12) hieß. Jedenfalls hatten Homosexuelle unter ihrer Homosexualität zu leiden (vor allem durch den Verzicht auf eine Partnerschaft) und sich als Pfarrer beraten zu lassen, wenn sie es gar nicht mehr aushielten.

Im Dezember 1980 berichtete der zuständige Oberkirchenrat der VELKD, Horst Reller, seinem Düsseldorfer Kollegen Joachim Mehlhausen von den Entwicklungen in der letzten

Zeit, wobei er zwei Gruppen unterschied: die »emanzipatorische Gruppe«, die auf die völlige Beseitigung des §175 StGB setze und inzwischen die FDP infiltriert habe, und »die Gruppe der kirchlich und christlich gebundenen Homosexuellen«, die sich insgesamt zurückhalte, von der aber einige mit der »emanzipatorischen Gruppe« zusammenarbeiteten, namentlich Wiedemann, Brink und Brinker. Als eigener Akteur wurde das Weiße Kreuz benannt, das »laufend scharf von homosexuellen Gruppen angefeindet« werde (hier wurde auch die Auseinandersetzung bei dessen Jubiläumsveranstaltung in Berlin erwähnt). Eigens hingewiesen wurde auch auf die Tagung in Berlin und die Haltung des Berliner Oberkonsistorialrats Karl-Heinrich Lütcke, »die in allen Einzelheiten der VELKD-Orientierungsrichtlinie entspricht«. Dass Homosexuelle zu dauerhaften Partnerschaften prinzipiell nicht in der Lage seien, war Reller auch noch eine eigene Bemerkung wert: »Es ist aber ungeklärt, ob in diesen Fällen die Sexualität überhaupt eine praktische Bedeutung hat.« Reller vermerkte abschließend noch, dass Frauen in den innerkirchlichen Auseinandersetzungen bisher keine Rolle spielen würden. Den Grund sah er darin, »daß die weibliche Homosexualität prinzipiell eine andere Struktur hat«.

Mehlhausen hatte sich bei der VELKD erkundigt, weil zwar »im Rheinland in dieser Sache noch kein offener Konflikt ausgebrochen« sei, es aber »deutliche Hinweise« gebe, »die es unbedingt ratsam erscheinen lassen, daß auch in unserer Kirche bald eine wohl durchdachte Position erarbeitet wird«. Tatsächlich kam es im Rheinland bald zu einem intensiven Diskussionsprozess, der die Rheinische Kirche erheblich strapazierte, sie aber auch einen Kurs einschlagen ließ, der sehr offen war für Veränderungen.

Die Kirchenleitung der VELKD beschloss im Juli 1984 eine Fortschreibung der »Orientierungshilfe« von 1980. Der Grund dafür waren Anfragen aus verschiedenen lutherischen Landeskirchen, zu denen auch die Frage der Möglichkeit der Trauung eines lesbischen Paares gehörte, die in Nordelbien aufgeworfen worden war. Am 7. Mai 1984 feierte der Hamburger Pastor Christian Arndt eine »Frauenhochzeit«, bei der er ein lesbisches Paar (Sabine Löschenkohl und Sylvia Hansen) traute. Dies wurde von der »Bild«-Zeitung exklusiv berichtet. Die Trauung wurde von der nordelbischen Kirchenleitung für nichtig erklärt.

Es sollte nun ein Ausschuss der VELKD gebildet werden, und so traf sich 1985 eine »Arbeitsgruppe Homosexualität« in Frankfurt. Immer noch stand der »Fall Brinker« im Hintergrund. So wurde auch beschlossen, die Überlegungen auf die Frage nach der Homosexualität kirchlicher Amtsträger einzugrenzen, aber auch die Frage nach den »besonderen Kriterien der Ehe« sollte behandelt werden. Zum führenden theologischen Kopf der Gruppe wurde Hermann Ringeling, Professor für Theologische Ethik in Bern. Er arbeitete einen 55 Manuskriptseiten umfassenden, in systematisch-theologischer Sprache verfassten Aufsatz aus, der in der Arbeitsgruppe vorgestellt wurde. Ringeling sicherte seine konservative Position nach allen Seiten hin ab: Das Leitbild der Ehe mit Kindern hatte im Sinne einer Naturordnung höchste Priorität. Dies machte Ringeling auch auf der zweiten Sitzung der Arbeitsgruppe noch einmal deutlich. Auf der dritten Sitzung der Arbeitsgruppe kam es zu kritischen Rückfragen an Ringeling, die vor allem der bayrische Pfarrer Jürgen Merkel stellte. Merkel problematisierte auch die behauptete Vorbildfunktion des Pfarrers: Wenn man heterosexuellen Christen zubillige, in Partnerschaften zu leben, müsse man dies homosexuellen Pfarrern ebenfalls zubilligen, damit auch diese ein Vorbild sein könnten.

Ringeling war ein gefragter theologischer Gutachter in Sachen Homosexualität, und er blieb auf einer sehr konservativen Linie. 1991 veröffentlichte er einen Sammelband mit dem Titel »Christliche Ethik im Dialog«, in dem sich auch ein Beitrag findet, den Ringeling der VELKD im Prozess der Abfassung der »Orientierungshilfe« von 1980 als Expertenmeinung zugearbeitet hatte (»Homosexualität: Erscheinung und Bewertung«). Dieser Beitrag erschien in Überarbeitung 1994 noch einmal in der Zeitschrift für Evangelische Ethik (»Homosexualität als Frage kirchlichen Handelns«): Die »Nichtdiskriminierung« homosexueller Verhaltensweisen und Gemeinschaften war in Ordnung. Die Grundfrage für die Kirche sei die der Anerkennung von Lebensgemeinschaften. »Selbstbewusste Homosexuelle« lehnten es aber ab, ihren Lebensstil am Maßstab der Ehe zu orientieren. Die Forderung, homosexuelle Lebensgemeinschaften der heterosexuellen Ehe gleichzustellen, habe vor allem den Grund, an den Privilegien der Ehe teilzuhaben, aber auch die Ehe nach den Kriterien homosexueller Lebenswirklichkeit umgestalten zu wollen – der »normale Lebensstil« von Homosexuellen aber sei die Promiskuität. Wenn man dann noch homosexuelle Pfarrerinnen und Pfarrer ins Pfarrhaus lasse, würden diese ihre Lebenswirklichkeit thematisieren und die Kirche damit zur Randgruppenkirche machen.

XII. Der »Fall« Eduard Stapel

Einen vergleichbaren »Fall« wie den Klaus Brinkers stellte der von Eduard Stapel dar. Stapel war »Betroffener«, und zugleich ein hoch engagierter Vertreter der Schwulenbewegung unter dem Dach der Kirche. In der Erinnerung daran spielt er bis heute eine wichtige Rolle. Als Vikar an der Magdeburger St.-Michael-Gemeinde bekannte sich Stapel 1983 Bischof Werner Krusche gegenüber zu seiner Homosexualität (durch sein Engagement in Leipzig war dies eigentlich auch klar) und lehnte es ab, zölibatär zu leben. Der Gemeindekirchenrat sprach mit einer Ausnahme Stapel das Vertrauen aus, und das galt ausdrücklich auch für die Jugendarbeit. Die Vorgänge wurden auch im Westen bekannt und im Informationsblatt der HuK dokumentiert.

Die Kirchenleitung der Kirchenprovinz Sachsen rief daraufhin in ihrer Sitzung am 10./11. Juni 1983 eine »Ad-hoc-Arbeitsgruppe« »Homosexuelle als Mitarbeiter im Verkündigungsdienst der Kirche« ins Leben, die einen Bericht erstellen sollte. Die Arbeitsgruppe plädierte für eine Zulassung Stapels zur Ordination. Auf der Sitzung der Kirchenleitung am 28./29. September 1984 lag der Bericht der Ad-hoc-Arbeitsgruppe vor, den sich die Kirchenleitung aber nicht zu eigen machte. Die Kirchenleitung verwies auf die ungeklärten Verhältnisse in Sachsen und in Berlin-Brandenburg – man schob den Schwarzen Peter also anderen zu, und die Sachsen reichten ihn an die Studienabteilung des Kirchenbundes weiter. Die Synode der Kirchenprovinz Sachsen verabschiedete im Oktober 1984 eine abwägende »Stellungnahme zur Frage der Homosexualität«, die sowohl die Diskriminierung von Homosexuellen wie die christliche Tradition und die Bibel einbezog, aber auch den allgemeinen gesellschaftlichen Wandel: »Man beginnt unterschiedliche Verhaltensweisen zu tolerieren, sofern sie keine Verletzung und Schädigung anderer bedeuten. Vor diesem Hintergrund wird heute oft über Homosexualität gesprochen.« Deutlich war, dass in der Kirche zwiespältige Auffassungen herrschten: Die einen wollten einen liberaleren Umgang mit dem Thema, die anderen führten Bibelzitate ins Feld und glaubten, es sei eine Befreiung von der »Krankheit« Homosexualität möglich. Zur Frage der Ordination homosexueller Pfarrer wollte die Synode nicht Stellung nehmen, auch sie übernahm also nicht die Empfehlung der Arbeitsgruppe. Unterdessen hatten evangelikale Kreise auch in der Kirchenprovinz Sachsen gegen alle Öffnungsversuche zu opponieren begonnen. Stapel hatte im Oktober 1983 den »Arbeitskreis Homosexualität« in Magdeburg gegründet, der dann unter der Leitung von Pfarrer Hannes Urmoneit stand. Hier wurde Stapel nach der Verweigerung seiner Ordination mit einer halben Stelle angestellt, eine andere halbe Stelle bekam er als Gemeindehelfer in seiner Vikariatsgemeinde. Stapels Aktivitäten wurden wie die anderer aus der Schwulenbewegung von der Stasi beobachtet.

Dass Eduard Stapel der Stein des Anstoßes war, spiegelte sich in der Stellungnahme der Synode wie auch schon im Abschlussbericht der Ad-hoc-Arbeitsgruppe wider. Stapel war in den Vorbereitungsdienst aufgenommen worden, doch war unklar, wie es mit ihm weitergehen sollte. Außerdem war unübersehbar, dass Stapel nicht der einzige homosexuelle Mitarbeiter war. Hinsichtlich der Frage, ob Homosexualität eine »Schöpfungsvariante« oder eine Verirrung sei, war der Befund der Arbeitsgruppe zwiespältig. Deutlich machten sich auch Einreden evangelikaler Kreise bemerkbar, die durch eigene Vertreter in der Arbeitsgruppe präsent waren. Gastweise vertreten waren Eduard Stapel und ein anderer Pfarrer, der sich ebenfalls zu seiner Homosexualität bekannte. Dieser hatte im Januar 1984 bei einer Sitzung der Arbeitsgruppe »Homosexuelle Mitarbeiter der Kirche« einen Bericht über eine Tagung von »Betroffenen« gegeben, auf der Pfarrer davon erzählt hatten, sie würden von ihren Gemeinden akzeptiert.

Im Bericht der Ad-hoc-Arbeitsgruppe wurde Stapel aber auch von einigen kritisiert: »Sein Vorgehen steht im Zusammenhang mit der Emanzipationsbewegung der Homosexuellen in den letzten 25 Jahren.« Das Urteil darüber fiel hart aus: »Hintergrund der Emanzipationsbewegung der Homosexuellen ist auch der allgemeine Normenzerfall oder Normenwandel im Bereich menschlicher Beziehungen, die Liberalisierung und Entmoralisierung sexueller Partnerschaften, die Enttabuisierung von Sexualität.« In einer »Anlage 2«, die dem Bericht beigegeben war, wurde »Widerspruch gegen die These von der Homosexualität als irreversibler Prägung« erhoben. Darin wurde auch heftige Kritik an Manfred Punge geäußert, da er in der von ihm verantworteten Schrift der Studienabteilung des Kirchenbundes mit dem Titel »Homosexuelle in der Kirche« Homosexualität als irreversibel bezeichnet hatte.

1987 verfasste das Kollegium des Sprachenkonvikts in Ost-Berlin ein Votum »Zur Frage der Ordination von Homosexuellen, die in homosexueller Partnerschaft leben«. Im Ergebnis wurde die Ordination von Homosexuellen befürwortet, wenn auch eher zurückhaltend. Ein Minderheitenvotum des Dozenten für Systematische Theologie Harald Schultze (er war zugleich Vorsitzender der Kommission für Theologische

Grundsatzfragen beim Kirchenbund) lehnte die Ordination aber ab, da der ökumenische Dialog dadurch gestört werde.

1987 fand eine Tagung der Evangelischen Akademie im Magdeburger Dom statt: »Integration! - Aber wie? Homosexuelle 1987 - Fortgesetzte Versuche zur Verständigung«. Hier versuchte Eduard Stapel vergeblich, einen Forderungskatalog an die Regierung der DDR verabschieden zu lassen. Stapel war dann einer der Protagonisten des Dokumentarfilms »Out in Ost-Berlin«, der 2013 in die (Programm-)Kinos kam und der vom Leben schwuler und lesbischer Menschen unter den Bedingungen einer angeblich in sexuellen Dingen toleranten Diktatur erzählte.

XIII. Ein konservativer Exponent: Die Evangelisch-Lutherische Kirche Sachsens

Ganz gegen den Tenor von Punges Artikel in der Berliner Kirchenzeitung »Die Kirche« von 1983 stand ein Artikel von Karlheinz Blaschke, den die Zeitung 1985 unter dem Titel »Homosexualität als sozialkulturelles Problem in biblischer Sicht« abdruckte. Der Berlin-Brandenburgische Bischof Gottfried Forck wurde als Herausgeber der Kirchenzeitung für den Abdruck von Blaschkes Beitrag heftig angegriffen, u. a. durch Manfred Punge selbst. Blaschke war Dozent am Theologischen Seminar (also der Kirchlichen Hochschule) in Leipzig, er war Historiker, und sein Spezialgebiet war die sächsische Landes- und Landeskirchengeschichte. Blaschke bezeichnete Homosexualität als »eine typische Erscheinung von Spätkulturen« mit den üblichen Merkmalen: Entfaltung von Perversitäten, Zustände wie im alten Rom, Sündenbabel. Was die evangelische Kirche anging, rief Blaschke sie zur Hilfe auf, freilich mit großen Einschränkungen: »Die Kirche kann diese Hilfe aber nicht dadurch gewähren, daß sie als organisatorische Basis für eine militant-missionarische Minderheitsideologie dient.« Homosexualität war für Blaschke wie für viele seiner Gesinnungsgenossen eben nur die Speerspitze einer viel größeren Bedrohung, die zu einem »sozialen und moralischen Chaos« führen musste. Hiergegen ließ sich mit den bescheidenen Mitteln homosexueller Gesprächsgruppen in argumentativer Hinsicht wenig unternehmen.

Für erhebliche Resonanz sorgte Punges Artikel in den Kreisen des »Landesbruderrates der Bekennenden Ev.-Luth. Kirche

Sachsens«. Dabei handelte es sich im Wesentlichen um eine konservative Vereinigung von Pfarrern, zu der aber auch Personen wie Karlheinz Blaschke gehörten. Ein Kirchenvorsteher aus Oederan verfasste schon im Juli 1983 eine Stellungnahme zu Punge, die dann im Rundbrief des »Landesbruderrates«, wie üblich »Nur für innerkirchlichen Dienstgebrauch« veröffentlicht wurde. In seiner Zuschrift sprach der Kirchenvorsteher von »diesen Leuten«, die nun auch noch den Pfarrerberuf erobern wollten. Er verglich »diese Leute« mit Behinderten, denen immerhin 99 % aller Berufe versagt seien, während Homosexuellen nur 1 % aller Berufe – der Pfarrerberuf nämlich – verschlossen blieb. Der Kirchenvorsteher aus Oederan sprach von seinen Gesprächen mit Homosexuellen, bei denen diese immer »ihre Freiheit gegenüber (dem Joch) der Ehe und Kindern« gepriesen hätten. Die Folge war für den Leserbriefschreiber klar: »Wer die genannten Freiheiten für sich fordert oder zumindest in seinem Inneren fortwährend reflektiert – wird der dann etwa vor der Jungen Gemeinde haltmachen!« Der Schriftleiter des Rundbriefes des Landesbruderrates kommentierte diese Äußerungen so: »Die obenstehende Zuschrift wird deshalb veröffentlicht, weil sie in völlig undogmatischer Weise, ohne alle Emotionen, aber aus praktischer Erfahrung und christlicher Grundhaltung zu einem Problem Stellung nimmt, über das etwas gesagt werden muß.«

Am 7. Juni 1983 beschloss der »Landesbruderrat der Bekennenden Ev.-Luth. Kirche Sachsens« 32 Thesen zum Thema »Kirche und Homosexualität«, die von Pfarrer Bernd Stephan aus Karl-Marx-Stadt (Chemnitz) unterzeichnet waren. »Landesbruderrat« und »Bekennende Kirche« waren Selbstbezeichnungen, die Assoziationen an die Zeit des Dritten Reiches wachrufen und Parallelisierungen ermöglichen sollten: Wieder stand die Kirche in einem Kampf gegen widergöttliche Mächte. So wenig aber der größte Teil der Bekennenden Kirche im Dritten Reich gegen den Staat und seine Ideologie gekämpft hatte, so wenig tat es ihre angebliche Nachfolgerin gegen den SED-Staat. Vielmehr wurden in den liberalen Kräften innerhalb der Kirche neue »Deutsche Christen« gesehen, die sich mit dem Zeitgeist verbündeten und die Kirche zerstören wollten. Die Frage der Homosexualität wurde nun zum Kern eines Kampfes um die Deutungshoheit über die Bibel und die christliche Tradition, wobei man sich zugleich verstehend und werbend gab, jeden Diskurs aber ablehnte und die eigene Position als die einzig wahre hinstellte. Die »Bekennende Kirche« war in der Sächsischen Landeskirche gut verwurzelt, sie hatte nach eigenen Angaben Kontakt zu rund einem Drittel der Pfarrer (zu dieser Zeit 300 von 1.000) und zu rund 1.300 Laien (also Nichttheologen).

In der fünften der 32 Thesen hieß es: »Die Debatte über die Homosexualität wird nur dann zu einer Klärung der bei allem doch nur für eine Minderheit innerhalb unserer Kirchen wichtigen Frage nach dem Leben unter dem Vorzeichen homosexueller Veranlagung führen, wenn sie ohne Verteufelung des Anderen auf der Grundlage gründlicher und ausgewogener Sachinformationen geführt wird und immer unter Anfrage und Zuspruch des göttlichen Wortes in Jesus Christus bleibt, wobei den Bekenntnisschriften als ›Schutzzäunen und Fluchtgittern‹ theologischen Denkens größte Beachtung zu schenken ist.« Diese Argumentationsfigur passte zu dem Befund, es sei auf allen Seiten die Neigung erkennbar, »das Problem vorwiegend leiblich und weniger geistlich zu sehen« (These 3). Andererseits war der Zugang zum Thema durchaus »leiblich«, denn die sechste These beinhaltete eine Reflexion über »das Phänomen

Homosexualität (bzw. Inversion)«, die mit Siegfried Schnabl als »biologische Normabweichung der Sexualität« bezeichnet wurde und »recht unterschiedliche Ursachen haben kann (etwa hormonelle Fehlsteuerung), aber nicht selten auch Folge krankhafter Persönlichkeitsentwicklung und Fehlprägung ist«.

Eine ganze Kette von weiteren Thesen war der Ablehnung der Homosexualität mit Hilfe von Bibelstellen gewidmet. Was zu tun sei, brachte die 17. These auf den Punkt: »Die Gemeinde ist zur Annahme ihrer invertierten Glieder gerufen durch den Ruf Jesu zum Dienst an den gesellschaftlichen Randgruppen« (Mt 25,40). Diese Annahme zeigt sich im Verzicht auf Verteufelung und Verächtlichmachung der Homosexuellen, in der Bereitschaft zum seelsorgerlichen Gespräch und in der Gewährung von Hilfe, wenn sie Verleumdung, Unrecht und Gewalt ausgesetzt sind.« Das alles zielte letztendlich darauf, »den Rückweg zu normaler Sexualität zu öffnen, wenn dies möglich ist« (These 19). Und: »Wie in allen Fällen ist auch bei der Homosexualität Vorbeugen besser als Heilen.« Für die Kirche hieß das, »Dämme gegen das Eindringen von Invertierten ins Amt aufzurichten« und also Homosexuellen nicht nur die Ordination, sondern auch den Zugang zu kirchlichen Bildungseinrichtungen und allgemeinkirchlichen Ämtern zu verwehren, »in denen sie besonders gefährdet sind und andere gefährden« (These 23). Dahinter stand der gängige Verdacht des Missbrauchs, »da 45 % der Homosexuellen ephebophil, d. h. auf Partner vom 14. bis 20. Lebensjahr, und 5 % pädophil, d. h. auf Kinder ausgerichtet sind« (These 31). Also galt: »Die Übernahme von Homosexuellen in den Kirchendienst kann erwogen werden, wenn sie außerhalb des geistlichen Amtes und nicht im pädagogischen Bereich eingesetzt werden, Homosexualität nicht ausüben und nicht propagieren« (These 32).

Aus den Reihen des Landesbruderrates kam eine weitere Stellungnahme von Pfarrer Christoph Richter, der Mitglied der Kirchenleitung war und im »Volksmissionskreis«, einer charismatisch geprägten Gruppierung, einen starken Rückhalt hatte. Richter schrieb 1984 einen »Alternativ-Beitrag«, also eine Widerlegung zu Punge, und Punges Studie wurde in Sachsen dann nur noch mit diesem Gegengutachten verbreitet. Typisch für Richters Position war, dass er in Punges Text »eine Darstellung der anzunehmenden Ideologie der homosexuellen Emanzipationsbewegung« sah, ihm also jede Ernsthaftigkeit absprach: Punge würde selektiv zitieren und tendenziös argumentieren. Ein Kronzeuge für Richter war Gerard van den Aardweg, dessen Buch »Das Drama des gewöhnlichen Homosexuellen« Richter schon in Übersetzung vorlag, weil Aardweg ihm das Manuskript überlassen hatte.

In den schwulen Arbeits- und Gesprächskreisen in Leipzig und Berlin erzeugten solche Äußerungen naturgemäß Entsetzen. Mit den Äußerungen aus evangelikalen Kreisen war nun auch eine Verschwörungstheorie aufgebaut, in der die Schwulenbewegung unter dem Dach der Kirche als ein alles zersetzender Akteur gesehen werden konnte, der daran arbeite, die Ordination Homosexueller zu ermöglichen, um die Kirche von innen her zu zerstören.

In diesen Kontext gehört auch eine Einladung aus dem Jahre 1983 von Horst-Klaus Hofmann, dem Leiter der »Offensive Junger Christen« an Oberkirchenrat Horst Reller von der VELKD. Die »Offensive Junger Christen« (OJC) war 1968 gegründet worden, ein wichtiger Akteur dabei war Hofmann gewesen, der bis dahin in führender Stellung im CVJM tätig gewesen war. Hofmann war von 1966 bis 1970 Mitglied des Unterausschusses Homosexualität der sexualethischen Kommission der EKD gewesen, die für die Denkschrift zur Sexualethik von 1971 verantwortlich war. Er blieb zusammen mit seiner Frau Irmela, die ebenfalls Leitungsfunktionen in der OJC wahrnahm, aufgrund seiner evangelikalen Verwurzelung immer ein Anhänger der Auffassung, Homosexualität sei therapierbar. 1983 nun lud Hofmann Horst Reller ein, an das von der OJC betriebene »Seminar für biblische Seelsorge« nach Reichelsheim im Odenwald zu kommen, um dort als Gesprächspartner zur Verfügung zu stehen. »Dies wird u. a. für den Bruder aus der DDR (von der Kirchenleitung der sächsischen Kirche) wichtig sein«, da 17 Studenten des Theologischen Seminars in Leipzig (10 % der Studierenden) sich zur Homosexualität »und zu entsprechendem emanzipatorischem Verhalten« bekennen würden. Reller wandte sich dann an Oberkirchenrat Karlheinz Schmale in der West-Berliner Stelle des Lutherischen Kirchenamtes der VELKD (der Brief ist nicht erhalten), der ihm antwortete, es sei ihm bisher nicht bekannt, dass sich Studenten des Theologischen Seminars in Leipzig zur Homosexualität bekennen. Er sei aber gern bereit, Erkundigungen einzuholen. Nach Reichelsheim fuhr Reller offensichtlich nicht.

Die Leitung der Sächsischen Landeskirche hatte ansonsten mit dem Gesprächskreis in der Leipziger ESG zu tun. Dies und eben die Frage nach der Zukunft der schwulen Studenten am Theologischen Seminar war der Anlass für die Sächsische Landessynode, sich auf ihrer Herbsttagung im Jahre 1983 mit dem Thema »Homosexualität« zu befassen. Ein Resultat der daraus folgenden »ernsten Anfragen an die Kirche«, so der Synodenbericht, sei die Frage, »ob ein homosexuell veranlagter Theologe ordiniert werden kann«.

In seinem Osterrundbrief des Jahres 1984 thematisierte Landesbischof Johannes Hempel auch die Frage der Homosexualität, freilich ohne eine Stellungnahme: Hempel konstatierte, es gebe in der Kirche keine Einmütigkeit. Dies bezog sich letztlich auf alle Ebenen von der Kirchenleitung abwärts. Hempel rief die Gemeinden zu einer stärkeren Offenheit für Homosexuelle auf. Daraus ließen sich aber keine unmittelbaren Handlungsanweisungen ableiten. Interessant dabei war, dass Hempel auf das Problem des Schriftverständnisses (also der Interpretation der Bibel) generell einging, also auf eine Frage, die auch später in der Sächsischen Landeskirche immer wieder in Verbindung mit dem speziellen Thema Homosexualität stand. Die Osterrundbriefe des Bischofs gingen an alle Pfarrer, Synodale und kirchlichen Mitarbeiterinnen und Mitarbeiter, sie erreichten also alle, die in der Landeskirche eine Funktion hatten. Auch in späteren Rundbriefen konnte sich Hempel nicht zu einer eindeutigen Aussage verstehen. Immerhin bekundete er in seinem Rundbrief 1987, er würde einen Homosexuellen ordinieren, wenn es keine Partnerschaft im Pfarrhaus oder in der Dienstwohnung gäbe.

Im September 1985 veranstaltete die Evangelische Akademie in Halle eine Tagung, die auch Bedeutung für Sachsen hatte. Mitveranstalter waren die Männerarbeit der Kirchenprovinz Sachsen, die Stadtmission Halle und auch der Arbeitskreis Homosexuelle in Halle. Auf zwei Podiumsgesprächen saßen die Vertreter sehr kontroverser Positionen zusammen: der Leipziger Dozent Karlheinz Blaschke, Christian Pulz vom Arbeitskreis Homosexuelle Selbsthilfe Berlin, Eduard Stapel und Vertreter der Landeskirchlichen Gemeinschaft. Die Diskussionen waren erwartungsgemäß kontrovers, wenn auch die rund 300 Besucherinnen und Besucher eher für die volle Akzeptanz von Schwulen und Lesben eintraten. Synodale waren trotz vorheriger Einleitung kaum vertreten. Im Nachgang legte der Bennunger Pfarrer Bernhard Ritter - ohnehin ein Protagonist der Gegner der Homosexuellenbewegung - in einem langen Brief an Eduard Stapel seine Sicht der Dinge dar und scheute sich auch nicht, im Blick auf die Verfolgung von Homosexuellen im Dritten Reich auf Ernst Röhm und seine Anhänger hinzuweisen, womit er suggerieren wollte, Homosexuelle wie Röhm seien nicht als Homosexuelle verfolgt worden, sondern aus »machtpolitischen« Gründen. Ritter gründete später den Verein »Leo«, der auf der Grundlage der Annahmen von Gerard van den Aardweg Homosexuelle »heilen« will.

Am 1. März 1986 fand in der Evangelischen Akademie in Meißen eine Tagung unter dem Titel »Homosexualität: sich informieren, miteinander reden, Unterschiede gelten lassen« statt. Hier kamen die Erfahrungen »Betroffener« zur Sprache. Aus medizinischer Sicht wurde die These der Therapierbarkeit und Verführbarkeit abgelehnt, was Widerspruch bei evangelikalen Teilnehmern, besonders bei Karlheinz Blaschke, hervorrief. Eine interessante Wendung vollzog Oberlandeskirchenrat Reinhold Fritz, der eigentlich dem evangelikalen Lager zuzurechnen war, aber in seinem Vortrag eine moderate Position einnahm: Mit dem biblischen Befund sei für diese Frage nichts anzufangen, und: »Neue Erkenntnisse bringen neue Herausforderungen.« Fritz wurde daraufhin scharf angegriffen, obwohl er betont hatte, dass er seine eigene Meinung vertrete und nicht die der Landeskirche. Im Allgemeinen aber wurde Fritz, auch in der Berichterstattung im »Sonntag«, als Vermittler zwischen den Positionen angesehen.

Grundsätzlich war seit der Äußerung Bischof Hempels im Osterrundbrief des Jahres 1987 eine zölibatäre Existenz für homosexuelle Pfarrer und Pfarrerinnen in sächsischen Pfarrhäusern möglich. Diese Äußerung war auch die Folge eines »Falles«, nämlich dem eines sächsischen Pfarrers, der sich 1986 geoutet hatte. Anders als in der Bundesrepublik erzeugte das kein mediales Aufsehen und konnte es auch nicht, vielmehr blieb die Sache kirchenintern und wurde auch so geregelt. Die Landeskirche verlangte sexuelle Enthaltsamkeit von ihrem schwulen Pfarrer, der aber beharrte auf dem Recht, im Pfarrhaus mit einem Mann zusammenleben zu können. Nach einer Zeit des Wartestandes erhielt er eine übergemeindliche Aufgabe.

Die nächste aktuelle Herausforderung, nicht nur für die sächsische Landeskirche, stellte das Gesetz über die eingetragene Lebenspartnerschaft von 2001 dar. Unterdessen hatten andere Landeskirchen schon Beschlüsse gefasst, die eine Segnung von solchen Partnerschaften ermöglichten, mindestens in einem seelsorgerlichen Rahmen. Die Kirchenleitung beschloss 2001 die Möglichkeit einer Segnung im Rahmen der »persönlichen Seelsorge« und lehnte die Möglichkeit einer Segnung in einem Gottesdienst ab. Zugleich legte sie fest, dass Homosexuelle Pfarrer werden konnten, aber nicht mit einem Partner im Pfarrhaus leben durften - dies entsprach der bisherigen Linie. Von lesbischen Pfarrerinnen war nicht ausdrücklich die Rede, diese standen aber vor dem gleichen Problem wie schwule Pfarrer. Das Eingehen einer eingetragenen Lebenspartnerschaft wurde der homosexuellen Pfarrer- und Mitarbeiterschaft untersagt.

2010 setzte die sächsische Kirchenleitung eine Arbeitsgruppe »Homosexualität im biblischen Verständnis« ein. Der 2012 vorgelegte Abschlussbericht begann mit dem »Konsens«, »trotz unterschiedlicher Auffassungen einen gemeinsamen Weg für den Umgang mit Homosexualität in der sächsischen Landeskirche finden zu wollen, der praktikabel ist und die Einheit der Landeskirche nicht gefährdet«. Der Abschlussbericht machte aber vor allem die Dissense deutlich, die Drohungen von evangelikaler Seite, die »kritische Haltung aus einer tiefen Glaubensüberzeugung«, die man Sorge und nicht Angst nennen müsse, aber auch die Enttäuschung derer, die auf eine Öffnung der Landeskirche gehofft hatten. Bei der engen Grenzziehung für Segnungen gleichgeschlechtlicher Paare blieb es, aber es blieb generell strittig, ob eine solche Segnung, wenn auch nur im seelsorgerlichen Rahmen, überhaupt sein dürfe. Offen blieb letztlich die Frage, wie man es mit dem Einzug gleichgeschlechtlicher Paare ins Pfarrhaus halten wolle.

In der Evangelisch-Lutherischen Kirche Sachsens erlaubte die Kirchenleitung im Zuge der Revision des Pfarrdienstrechts von 2011 zwar den Einzug gleichgeschlechtlicher, in eingetragener Lebensgemeinschaft lebender Paare ins Pfarrhaus, wenn der Kirchenvorstand dem zustimmte. Allerdings wurde in Sachsen auch »die biblische Ordnung von Ehe und Familie als Leitbild des Zusammenlebens von Frau und Mann« noch einmal festgeschrieben. Die Kritik von evangelikaler Seite fiel dennoch heftig aus. Nachdem man sich vonseiten »bibel- und bekenntnistreuer« Kreise schon an der Frauenordination und an der Frage der Segnung abgearbeitet hatte, bot nun das neue Pfarrdienstrecht einen neuen Anhaltspunkt für eine Skandalisierung. Der in Markersbach im Erzgebirge amtierende Pfarrer Gaston Nogrady war federführend an der »Markersbacher Erklärung« beteiligt, die die sächsische Kirchenleitung aufforderte, bei ihrem Beschluss von 2001 zu bleiben, nach dem homosexuelle Paare ja nicht im Pfarrhaus leben durften. Nogrady war (und ist) der Vorsitzende der »Sächsischen Bekenntnis-Initiative« (SBI), die ein Netzwerk evangelikaler Gruppen darstellt. Die Gegnerschaft gegen eine Öffnung der Pfarrhäuser wurde mobilisiert, dazu gehörte auch eine Liste von Gemeinden, deren Kirchenvorstände diese Öffnung ablehnten. Der Beschluss von 2001 wurde darum 2012 von der sächsischen Kirchenleitung noch einmal bekräftigt, allerdings sollte im Einzelfall unter Zustimmung von Landesbischof, Landeskirchenamt und Kirchenvorstand gleichgeschlechtlichen Paaren das Zusammenleben im Pfarrhaus eben doch erlaubt sein. Dieser fragile Zustand veranlasste mindestens ein lesbisches und ein schwules Paar im Pfarrdienst, die sächsische Landeskirche zu verlassen.

Die Konflikte um die Frage der Segnung und der Öffnung der Pfarrhäuser für gleichgeschlechtliche Paare bildete den Auslöser für den Beschluss der Landessynode von 2012, einen dreijährigen »Gesprächsprozess« zum Schrift- und Kirchenverständnis zu beginnen. Dieser Prozess machte deutlich, dass es eben nicht nur um das Thema Homosexualität ging, sondern – jedenfalls aus evangelikaler Sicht – Grundsatzfragen berührt waren. Der Landesbischof, Jochen Bohl, äußerte sich vorsichtig, machte aber auch deutlich, dass ihm der Vorwurf nicht einleuchtete, durch den Einzug von schwulen Pfarrern oder lesbischen Pfarrerinnen seien Ehe und Familie in Gefahr; die realen Herausforderungen seien vielmehr der Rückgang der Eheschließungen, niedrige Geburtenraten und eine hohe Quote unehelicher Kinder.

2016 beschloss die sächsische Kirchenleitung, eine Segnung gleichgeschlechtlicher Paare im Gottesdienst sei erlaubt, wenn die Pfarrer sich mit dem Kirchenvorstand darüber einig würden. Auch das stieß auf heftigen Protest der »Sächsischen Bekenntnis-Initiative«. Im historischen Rückblick ließe sich im Blick auf die sächsische Landeskirche sagen: Die neuen Konflikte sind einfach nur die alten.

XIV. Ein liberaler Exponent: Die Rheinische Kirche

Schon 1968 hatte ein Unterausschuss des Öffentlichkeitsausschusses der Rheinischen Kirche eine Stellungnahme zur Homosexualität verfasst; ein zweiter Unterausschuss befasste sich mit der »Unterbrechung einer aufgezwungenen Schwangerschaft«. Die Stellungnahme zur Homosexualität wurde zusammen mit Stellungnahmen zu anderen Themen 1970 unter dem Titel »Kirche und Sexualstrafrecht« veröffentlicht. Hier zeigte sich zum ersten Mal, dass kirchliche Verlautbarungen Mühe hatten, mit der gesellschaftlichen, politischen und rechtlichen Entwicklung Schritt zu halten: In der Einleitung zur Veröffentlichung der Stellungnahme hieß es nämlich, der letzte Bundestag habe »über Erwarten schnell« Maßnahmen zur Reform des Sexualstrafrechts beschlossen. Und so war es ja auch: 1969 wurden im Juni und Juli zwei Reformgesetze beschlossen, die erste Milderungen des Sexualstrafrechts enthielten.

Vorangestellt war der Veröffentlichung der kirchlichen Stellungnahme ein Vorwort des Justizministers der Großen Koalition, Horst Ehmke (SPD). Ehmke hatte sich im Bundestag im Mai 1969 dahingehend geäußert, dass das Strafrecht nicht dazu da sei, Sünden zu bestrafen und das Jüngste Gericht vorwegzunehmen. Ehmke war im Ministeramt der Nachfolger von Gustav Heinemann (der im März 1969 zum Bundespräsidenten gewählt worden war) und schon Heinemanns Staatssekretär gewesen. Der Stellungnahme des Öffentlichkeitsausschusses der Rheinischen Kirche sprach Ehmke im Vorwort ein Lob aus, indem er ihr Vorurteilslosigkeit und Nüchternheit bescheinigte. Lob für diese Stellungnahme kam auch von Martin Hirsch, zu dieser Zeit stellvertretender Vorsitzender der SPD-Bundestagsfraktion und bald darauf Bundesverfassungsrichter. Er sprach hier für den Arbeitskreis Rechtswesen der SPD-Fraktion und würdigte insbesondere, »daß es Ihnen gelungen ist, die aufgeworfenen Fragen nicht nur in ausgezeichneter Form darzustellen, sondern darüber hinaus auch aufzuzeigen, in welcher Richtung sich die Lösungsversuche bewegen sollten«. Noch wurde die Kirche also als gesellschaftlicher Akteur einbezogen.

Diese erste kirchliche Stellungnahme war nicht zufällig eine rechtliche, denn in dieser Zeit waren es nicht wie später die »Betroffenen«, die Reformen forderten, sondern Juristen. Bezugspunkt der Stellungnahme war der aktuelle §175, aber auch der seit 1962 vorliegende Gesetzentwurf, der liegengeblieben war und zunehmend wie ein Fremdkörper wirkte, zumal sich in vielen europäischen Ländern die Rechtslage verändert hatte, was auch für die Autoren der kirchlichen Stellungnahme eine Rolle spielte.

Die Stellungnahme des Öffentlichkeitsausschusses wies der weiteren Entwicklung in der Rheinischen Kirche den Weg, denn sie war auf der Höhe der Debatten der Zeit, wenn sie Homosexualität nicht mehr als Sünde oder Perversion verstanden wissen wollte. »Liebe« zwischen Homosexuellen war schon hier wie auch später ein wichtiges Stichwort in der Rheinischen Kirche. Die Kirche wurde »aufgrund ihrer Rolle in der Vergangenheit zum Abbau eigener Vorurteile« aufgerufen, und es wurde eingestanden, dass sie dazu gekommen sei, ihre Ansichten über Homosexualität zu überprüfen, weil die wissenschaftlichen Erkenntnisse sie dazu zwängen. Die Humanwissenschaften wurden hier also zum Leitprinzip. Allerdings blieb es bei der gängigen Annahme, man könne wenigstens die eine oder andere Form von Homosexualität therapieren. Auch wurde der Abstand von homosexuellen Beziehungen zur Ehe deutlich betont, allerdings wurde gewürdigt, dass auch Homosexuelle in Paarbeziehungen leben wollten. Beteiligt an dieser Stellungnahme war Guido Groeger. Maßgeblich beteiligt war auch der Düsseldorfer Psychiater Hans-Joachim von Schumann, der durch Veröffentlichungen zum Thema »Homosexualität und Strafrechtsreform« als ausgewiesener Fachmann gelten konnte.

Die Stellungnahme zur Homosexualität aus der Rheinischen Kirche bot einen Überblick über den biblischen Befund und die aktuelle innerkirchliche Diskussionslage. Zwar ging sie davon aus, Gottes eigentliche Absicht sei die Ehe gewesen, doch wurden auch homosexuellen Beziehungen gewisse eheähnliche Merkmale zugebilligt und die Differenz vor allem in der Unmöglichkeit der Nachkommenschaft gesehen: »Auch zwischen Homosexuellen gibt es eine tiefe Körper, Geist und Seele umfassende Liebe«, und auch in der Liebe zwischen Männern konnte Gottes Güte erfahrbar sein. Beschworen wurden immer noch die Gefahren von häufigen Partnerwechseln und »Päderastie«, wobei diese auch bei Heterosexuellen gesehen wurden: »Wenn es auf diesem Gebiet nicht zu den gleichen Auswüchsen kommt, dann nur, weil der heterosexuelle Verkehr mit besonderen Risiken verbunden ist.« Die Stellungnahme verwies auch auf die Reformen in England. Zusammenfassend stellte die Stellungnahme fest, die Bibel lehne nur bestimmte Formen der Homosexualität ab, Homosexualität sei keine Sünde oder Perversion und dürfe nur in genau bestimmten Fällen strafbar sein. Es galt aber: »Ethisch-theologisch kann die Kirche den homosexuellen Verkehr von Erwachsenen nur unter der gleichzeitigen Ermahnung billigen, diesen Verkehr in einer stetigen, personalen Gemeinschaft zu haben.«

Auch in der Rheinischen Kirche bekamen die Debatten um das Thema Homosexualität erst um das Jahr 1980 eine neue Dynamik. Im Mai 1979 fand eine Tagung »Homosexualität. Anfragen an Gesellschaft, Erziehung und Seelsorge« in der Evangelischen Akademie »Haus der Begegnung« in Bonn statt. Im Januar 1981 lud das Kollegium des Landeskirchenamtes den Bonner Systematischen Theologen und Sozialethiker Martin Honecker zu einem Vortrag ein. Ende April schickte die »Konferenz Bekennender Gemeinschaften in den Evangelischen Kirchen Deutschlands« einen Text mit dem Titel »Biblische Seelsorge an Homosexuellen« an die Leitung der Rheinischen Kirche, in dem von der »Perversion des Geschlechtslebens« und dem »Irrweg der Homosexualität« die Rede war. Homosexuelle müssten umdenken und umkehren: »Wird jedoch einem Homosexuellen, der zum Glauben an Christus gekommen ist, das natürliche Geschlechtsempfinden, die Neigung zum anderen Geschlecht, nicht geschenkt, was nach unseren Erfahrungen [sic!] selten ist, muß er in sexueller Abstinenz leben.«

Zu den wenigen aktenkundig gewordenen persönlichen Zeugnissen gehört der Brief eines 19-jährigen homosexuellen Schülers an die Evangelische Kirche im Rheinland vom April 1981: »Mir ist in der letzten Zeit aufgefallen, daß zum Teil besonders sogenannte Christen durch ihre Grundhaltung dazu beitragen, gesellschaftliche Minderheiten in Außenseiterrollen zu drängen und ihnen dadurch das Leben zusätzlich und unnütz zu erschweren.« Der Schüler erbat Informationen über die Meinungsbildung in der Leitung der Rheinischen Landeskirche, die ihm zu diesem Zeitpunkt noch nicht gegeben werden konnten. Ende Juli schrieb die Mutter des Schülers an Präses Gerhard Brandt, da er, »so wie ich aus mehreren Gesprächen heraushören konnte, zwischenzeitlich in eine Korrespondenz mit unserer Kirche eingetreten [ist], die nach meinen Beobachtungen bisher völlig unbefriedigend verlaufen ist«. Und: »Deshalb ist es für mich als seine Mutter schmerzlich, ansehen zu müssen, daß unsere Kirche trotz des Bemühens meines Sohnes durch Unterlassen des sicherlich nötigen Gespräches maßgeblich dazu beiträgt, daß ein Austritt aus der Kirche unmittelbar bevorsteht.« Zu dem Gespräch kam es dann offensichtlich doch noch.

Am 12./13. Juni 1981 behandelte das Landeskirchenamt das Thema »Homophilie und Homosexualität als Frage an das Handeln der Kirche« auf einer Klausurtagung in Rengsdorf. Nach einem Vortrag von Oberkirchenrat Joachim Mehlhausen zum Thema wurde eine Diskussion eröffnet, bei der auch nach der »Dignität« des Gutachtens des Öffentlichkeitsausschusses aus dem Jahre 1968/1970 gefragt wurde: »Die Frage ist, ob wir das Problem der Homosexualität heute noch genauso sehen wie damals oder anders, an welchen Punkten, in welcher Hinsicht.« Einig war man sich darüber, dass eine Trauung oder eine ähnliche Amtshandlung für gleichgeschlechtliche Paare nicht infrage käme, »jedoch wird es für fraglich gehalten, ob diese Ablehnung auf Dauer durchzuhalten sei«. Was den »Fall Brinker« anging, wurde die Entscheidung der Hannoverschen Landeskirche ebenso kritisiert wie Brinkers »plakatives Eintreten für die Homosexualität«, vor allem aber stellte sich die Frage, ob »es für die Beurteilung der Kirche lediglich auf ein geschicktes Kaschieren ankommt«.

Vom 23. bis 25. September 1983 fand ein Treffen lesbischer und schwuler Theologiestudierender und Vikare in Wuppertal statt, für das eine Anzeige in Heft 7/1983 in der linksprotestantischen Zeitschrift »Junge Kirche« warb. Dieses Treffen sollte »ein erster Schritt gegen die Vereinzelung in den Landeskirchen sein«. Eine der Leitfragen des Treffens lautete: »Wie ist es möglich, die uns auferlegte (und von uns verinnerlichte) gesellschaftliche/kirchliche Isolierung und die Verheimlichung unserer Orientierung gegenüber der Landeskirche / den Gemeinden aufzugeben?« Die Rheinische Kirche fragte umgehend bei der Kirchlichen Hochschule in Wuppertal nach, ob das Treffen in ihren Räumen stattfinde – die Leitung der Hochschule konnte das verneinen.

Nach eher zögerlichen Annäherungen an das Thema in den 1980er Jahren, die aber schon zutage brachten, dass es hierum erhebliche Auseinandersetzungen geben könnte, fand in den 1990er Jahren eine rasche Öffnung statt: 1992 beschloss die Synode der Evangelischen Kirche im Rheinland, ein Arbeitspapier für Kirchengemeinden und Kirchenkreise herauszubringen und der Diskussion in den Gemeinden zu empfehlen. Es trug den Titel »Homosexuelle Liebe«. Das Papier war vom Öffentlichkeitsausschuss der Landeskirche verfasst, auf der Synode von 1992 diskutiert und mit »weitgehender Zustimmung entgegengenommen« worden, wie es im Brief der Kirchenleitung an die Gemeinden und Kirchenkreise hieß.

Ein Anlass für das Arbeitspapier war die Segnung eines lesbischen Paares, die 1987 in der Düsseldorfer Markuskirche auf Beschluss des Presbyteriums stattgefunden hatte, 1988 erfolgte eine weitere Segnung. Der hier amtierende Pfarrer war Hans-Georg Wiedemann, ein bekannter Akteur also. Darüber hatte sich die katholische Kirche bei der Kirchenleitung der Rheinischen Kirche beschwert, da dadurch der ökumenische Friede gestört werde. Das Presbyterium der Markuskirchengemeinde gab aber nicht nach, und die Kirchenleitung hob 1988 den Beschluss des Presbyteriums auf, erklärte also die Segnungen für kirchenrechtswidrig. Die Kreissynode Düsseldorf-Ost forderte im November 1988 die Landessynode auf, sie möge »den Gemeinden und ihren Amtsträgern einen verbindlichen Weg weisen, wie sie dem Wunsch homosexuell liebender Partner nach einer Segnung ihrer Partnerschaft entsprechen können«. Dies machte sich die Landessynode auf ihrer Tagung im Januar 1989 zu eigen und verwies die Sache in ihren Theologischen Ausschuss. In der Folge wurde im Mai 1989 in der Evangelischen Akademie Mülheim an der Ruhr eine Tagung durchgeführt; die Kirchenleitung hatte aber die Teilnahme daran verweigert, weil nur eine bestimmte Richtung hier zu Wort kommen würde. Dennoch war eine Auseinandersetzung mit der Sache und nicht zuletzt mit der im Einzelfall bereits geübten Praxis unausweichlich.

Das Arbeitspapier »Homosexuelle Liebe« nahm die Sache grundsätzlich in Angriff, indem es sich mit dem Thema Homosexualität überhaupt befasste. Die »monogame und lebenslange Ehe« sollte zwar das Leitbild bleiben, Heterosexualität und Homosexualität wurden aber als verschiedene Ausprägungen der einen vielgestaltigen Sexualität angesehen. Das Stichwort »Liebe« verwies schon auf eine Sichtweise, die nicht von einem Problem ausging. Abgelehnt wurden Argumentationsfiguren wie »Schöpfungsordnung«, die isolierte Anführung von Bibelstellen oder der Ruf zur Enthaltsamkeit – allerdings wurde im Vorwort auch dokumentiert, dass es durchaus andere Auffassungen gab, die aus evangelikalen – was im rheinischen Kontext hieß: pietistischen – Kreisen kamen. Auf der Synode im Jahre 1992 hatte es Kritik von pietistischer Seite am Grundansatz des Arbeitspapiers gegeben. In der »mit großer Anteilnahme geführten Aussprache« wurde aber von anderer

Seite auch gefragt, ob nicht gerade diejenigen Vergebung bräuchten, die die homosexuell Liebenden ausgrenzten. Als Vertreter der HuK war ein rheinischer Pfarrer geladen, der in seinem Votum sagte, »er sei sich vorgekommen wie ein Vertreter einer Untergrundorganisation, der damit rechnen muß, erkannt zu werden. Er habe den Mut gefunden, an die Öffentlichkeit zu treten, weil er es seiner Kirche zutraut, daß sie sich mit all ihren verschiedenen Positionen auf den Weg begebe.«

In den Gemeinden und Kirchenkreisen sollte der Text also diskutiert werden, und dabei wurde auch nach konkreten Erfahrungen mit Homosexuellen, ob Gemeindeglieder, ob Mitarbeiter, im Kontext der Kirche gefragt. Der Schwerpunkt lag hier immer noch auf dem Aspekt der Beratung, auch im Blick auf die Angehörigen: »Wie kann Ihre Gemeinde Menschen begleiten, die von der Homosexualität ihrer Angehörigen betroffen sind?« Ein Aspekt war aber auch die Frage, ob und wie homosexuelle Paare gesegnet werden könnten; diese Frage wurde aber einstweilen aufgeschoben. In einer Einleitung wurde auch auf den Lernweg eingegangen, den viele Mitglieder des zuständigen Ausschusses gegangen waren, die selbst gar keine Homosexuellen kannten, sondern nur durch Medienberichte, und die sich von manchen Vorurteilen befreien mussten. Dass es homosexuelle Gemeindeglieder gab, wurde manchen erst jetzt bewusst. So enthielt das »Arbeitspapier« auch persönliche Zeugnisse, darunter auch einen »Brief eines um Segnung bittenden Paares«.

Mitten in den auf die Synode von 1992 folgenden Debatten um das Arbeitspapier segnete der Kölner Pfarrer Hans Mörtter im Juli 1994 ein schwules Paar, was ihm ein Disziplinarverfahren der Rheinischen Landeskirche eintrug. Mörtter hatte sich der Zustimmung seiner Gemeinde und des Superintendenten versichert. Nachdem er von der Landeskirche den Bescheid bekam, er hätte den Ausgang des Diskussionsprozesses um das Arbeitspapier abwarten müssen, stellte sich die Kreissynode hinter ihn und fragte die Kirchenleitung, ob es nicht auch die »vorauseilende Erfüllung berechtigter Hoffnung« geben könne.

Gerade die Frage der Segnung war nun drängend, zumal es ja eine gewisse Nachfrage aus homosexuellen, vorwiegend wohl schwulen Kreisen gab. 1994 beschloss die Arnoldshainer Konferenz, die Segnung homosexueller Paare im Rahmen seelsorgerlicher Begleitung zu empfehlen (»Gottes Segen und die Segenshandlungen der Kirche«). Die Arnoldshainer Konferenz war ein Zusammenschluss der nicht in der VELKD organisierten, also vorwiegend der »unierten« Landeskirchen. Die Folge des Beschlusses war ein Proteststurm von evangelikaler Seite, die Ausrufung eines neuen Kirchenkampfes und die Aufbietung der üblichen Argumentationsfiguren, die auch in einer im »idea-Spektrum« veröffentlichten »Bonner Erklärung« aufgenommen wurden. Diese Erklärung kam aus den Kreisen des »Evangelischen Aufbruchs Mittelrhein«, einer 1993 gegründeten konservativen, ja fundamentalistischen Vereinigung. Sie riet der Rheinischen Kirche zum Austritt aus der Arnoldshainer Konferenz – dazu kam es natürlich nicht. In einem von dieser Vereinigung herausgegebenen Buch finden sich auch Berichte von zwei zur Heterosexualität »bekehrten« Homosexuellen: Dies waren Alan Medinger und Johan van der Sluis, zwei Prediger der Veränderlichkeit der Homosexualität, die ihre Lebensbeichten an vielen Stellen publizierten; sie sind heute auch im Internet zu finden. Medinger und van der Sluis waren führende Mitarbeiter von »Exodus International«, einer Organisation, die 2013 ihre Arbeit einstellte und sich bei denen, die sie versucht hatte von ihrer Homosexualität zu heilen, für das ihnen zugefügte Leid entschuldigte. Mit »Exodus Global Alliance« existiert heute aber noch eine Organisation, die ihre Wurzeln in »Exodus International« hat.

Kritisiert wurde von evangelikaler (pietistischer) Seite nicht nur der rheinische Synodenbeschluss von 1992, der das Arbeitspapier »Homosexuelle Liebe« in den Diskussionsprozess der Gemeinden einspeiste, sondern auch die »Stellungnahme zu Fragen der Homosexualität« der bayrischen Landessynode aus dem Jahre 1994. Zusammen mit der Segnung schwuler und lesbischer Paare durch den suspendierten Pfarrer Hans-Jürgen Meyer und einige andere liberalisierende Äußerungen aus kirchlichen Kreisen schien nun ein Dammbruch mit der Gefahr einer Kirchenspaltung in Sicht – wobei freilich wie immer bei solchen Drohungen kaum jemand aus evangelikalen Kreisen deshalb seine Landeskirche verließ.

Die evangelikalen Gruppierungen meldeten sich bei der Landeskirche immer wieder zu Wort: Die Stadtmission Sobernheim der »Evangelischen Gesellschaft für Deutschland«, einer zwischen landeskirchlichem Evangelikalismus und freikirchlichen Gemeinden stehenden Vereinigung, protestierte im Juli 1995 bei dem Bad Kreuznacher Superintendenten Hartmut Eigemann gegen einen Beschluss der Kirchenkreissynode zum Thema Homosexualität und auch schon gegen den in diesem Jahr gefassten Beschluss der Landessynode im Blick auf das Arbeitspapier »Homosexuelle Liebe«. Der Brief schloss mit dem Satz: »Solche Entwicklungen und Erfahrungen werden bei uns nicht ohne Konsequenzen bleiben« – separatistische Andeutungen schienen wie immer eine geeignete Drohung zu sein.

Als die Rheinische Landessynode sich 1995 nach einem dreijährigen Diskussionsprozess mit »Homosexuelle Liebe«

befasste (die Kirchenleitung hatte 1992 um Rückmeldungen bis Ende 1993 gebeten), hatte die Umfrage in den Gemeinden, Presbyterien und Kreissynoden zutage gebracht, wie uneins man in dieser Frage war. Sollte »die befreiende Kraft des Evangeliums« nun dazu führen, dass Menschen ihre Homosexualität leben oder dass sie sie nicht leben konnten oder gar in Heterosexualität verwandeln mussten? Eindeutig kristallisierte sich jetzt die Frage der Segnung gleichgeschlechtlicher Partnerschaften als größte Herausforderung heraus, die aber einstweilen noch nicht entschieden werden sollte; vielmehr wurde der Theologische Ausschuss damit beauftragt, sie zu klären.

Als Ergebnis dieses Auftrags legte der Theologische Ausschuss einen Entwurf zum Thema »Sexualität und Lebensformen« und »Trauung und Segnung« vor (SULTUS), der auf der Synode des Jahres 1996 kontrovers diskutiert wurde. Die Gemeinden und Kirchenkreise wurden aufgefordert, bis zum 30. Juni 1998 Rückmeldungen zu geben. Das Papier wurde in einer Erstauflage von 20.000 Stück gedruckt, eine weitere Auflage von 10.000 folgte umgehend. In zwei kopierten Textsammlungen (Reader I und II) fanden sich Stellungnahmen und Referate, die an die Superintendenturen verschickt wurden. Es begann also ein neuer Diskussionsprozess in einer Landeskirche, in der die Gemeinden (also die Presbyterien) und die Kreissynoden eine starke Stellung hatten, während anderswo Landessynoden, Landeskirchenämter und Bischöfe die entscheidenden Akteure waren.

In den folgenden Jahren verstetigten sich die Konflikte. Als der rheinische Präses Manfred Kock 1997 zum Ratsvorsitzenden der EKD gewählt wurde, griff der Generalsekretär der Evangelischen Allianz, Hartmut Steeb, ihn in einer Stellungnahme u. a. deswegen an, weil Kock als Superintendent von

Köln »selbst die schützende Hand über sogenannte Homosexuellen-Gottesdienste gehalten« hatte. Kock war Superintendent des Kirchenkreises Köln-Nord, Hans Mörtter gehörte freilich zum Kirchenkreis Köln-Mitte.

Deutlich wurden die Konflikte auch im rheinischen »Arbeitskreis Landeskirche/Landeskirchliche Gemeinschaften«. Vertreten waren hier Gruppen und Verbände, die sich als pietistisch ansehen und von denen es im Rheinland eine große Zahl gab und gibt; das kirchenpolitische Ziel bestand darin, diese Gruppierungen in der Landeskirche zu halten und also selbstständige Gemeindegründungen zu verhindern und auch andere Konflikte im Vorfeld abzumildern. Mit »Sexualität und Lebensformen« und »Trauung und Segnung«, also SULTUS, wie es nach der gängigen Abkürzung hieß, war nun ein großes Problemfeld für diesen Arbeitskreis eröffnet. Er war 1997 offiziell durch die Landessynode berufen worden, nachdem er zuvor 15 Jahre lang im Dezernat »Kirche und Pietismus« angesiedelt gewesen war. Eine Arbeitsgruppe des Arbeitskreises war 1996 eingesetzt worden, um eine »Lesehilfe« für das Diskussionspapier SULTUS zu erarbeiten, das inzwischen gedruckt vorlag. Die »Lesehilfe« sollte aber nach kirchlicher Lesart kein Gegenpapier werden: »Es geht nicht um einen Bekenntnistext, sondern um eine Stellungnahme: um einige Seiten, die zum Verständnis des Diskussionspapiers weiterhelfen.« Im Oktober 1996 lag die Stellungnahme vor, die sich kritisch zu SULTUS äußerte. Einen Stein des Anstoßes bildete der Umgang des Diskussionspapiers mit dem biblischen Befund, einen anderen der im Diskussionspapier zentrale Begriff der »Gemeinschaftsgerechtigkeit«, der das von Gott gesetzte Recht ausklammere. Mit »Gemeinschaftsgerechtigkeit« wurde in dem Papier das übersetzt, was in der Bibel in gewohnter Übersetzung »Gerechtigkeit« oder »Rechtfertigung« heißt und was hier also als gemeinschaftsstiftendes Prinzip auch in Paarbeziehungen identifiziert wurde. Diese Stellungnahme des »Arbeitskreises Landeskirche/Landeskirchliche Gemeinschaften« wurde 1999 von vielen Presbyterien für ihre Entscheidungsfindung herangezogen und liegt darum den Voten der Gemeinden oft bei.

Über den Arbeitskreis versuchten die Vertreter der pietistischen Gruppen und Verbände, den anstehenden Synodenbeschluss zu verhindern oder zumindest aufzuschieben. Bei der Sitzung des Arbeitskreises im September 1999 berichtete Burkhard Weber, Direktor der Evangelistenschule Johanneum in Wuppertal, »daß viele Leute müde sind, die Homosexuellendiskussion weiterzuführen«, und man war »sich einig, daß die Angelegenheit eigentlich ausdiskutiert ist«. Im Vorfeld der Synode erschien im November 1998 eine »idea-Dokumentation« mit dem Titel »Helfen – statt absegnen«. Das Heft nahm den Beschluss der Lambeth-Conference, also der alle zehn Jahre tagenden Bischofsversammlung der Anglikanischen Kirche, zum Anlass, um gegen die Segnung homosexueller Paare, gegen offen homosexuell lebende Pfarrer und gegen Homosexuelle, die nicht enthaltsam leben wollten, überhaupt Stellung zu beziehen. Dabei konnte man sich auf einer Linie mit entsprechenden Beschlüssen der Lambeth-Conference sehen, die freilich auch deshalb zustande gekommen waren, weil man den Drohungen anglikanischer Bischöfe aus Afrika nachgab, sie würden die anglikanische Kirchengemeinschaft aufkündigen, wenn sich die Positionen der liberaleren Bischöfe der amerikanischen anglikanischen Episkopalkirche durchsetzten.

Die in dem Heft der »idea-Dokumentation« zusammengestellten Texte propagierten die Therapierbarkeit von Homosexualität, wie sie z. B. von der im württembergischen Tamm beheimateten Initiative »Wüstenstrom« behauptet wurde, die zu »Exodus International« gehörte. Die »Erfolge« von »Wüstenstrom« oder anderen Organisationen, die die Therapie von Homosexualität betrieben, blieben immer strittig, wobei als Erfolg auch ein Leben in Keuschheit gezählt wurde. Als Protagonist für »Wüstenstrom« wurde der Diakon Markus Hoffmann benannt, der »mit zwei anderen Männern eine Selbsthilfegruppe gründete« – dass einer dieser Männer der inzwischen »rückfällig« gewordene eigentliche Gründer Günter Baum war, wurde verschwiegen. Homosexuelle wurden in den abgedruckten Beiträgen als hilfsbedürftige und nach Therapie und einer heterosexuellen Ehe geradezu verlangende Menschen (Männer) angesehen, denen die Kirche Hilfe verweigere, wenn sie sie segnen würde. Das Heft enthielt auch zwei Aufsätze des in Bonn als Privatdozent lehrenden Klinikpfarrers Ulrich Eibach, der als akademische Autorität der Gegnerschaft zur geplanten Einführung der Segnung herangezogen wurde – ebenso wie der zu dieser Zeit in Bonn lehrende Religionspädagoge Rainer Mayer. Eibach verteidigte zum einen die alleinige Möglichkeit einer Segnung für eine heterosexuelle Ehe, und zum anderen bediente er sich der Vorstellung, Homosexuelle könnten ohnehin prinzipiell keine dauerhaften Beziehungen eingehen. Eibach äußerte sich auch an anderer Stelle mit einer dezidierten Gegenposition zu dem rheinischen SULTUS-Papier. An dessen Teil »Sexualität und Lebensformen« war er selbst maßgeblich beteiligt gewesen, seine Kritik an »Trauung und Segnung« war aber nicht rezipiert worden.

Aufgrund der heftigen Kritik aus den Reihen der pietistischen Verbände veranstaltete die Evangelische Kirche im Rheinland im März 1997 ein Symposium in der Evangelischen

Akademie Mülheim an der Ruhr. Nach zwei Vorträgen der Systematischen Theologen Gerhard Sauter (Bonn) und Berthold Klappert (Kirchliche Hochschule Wuppertal) fand eine Podiumsdiskussion statt, bei der die unterschiedlichen Positionen und auch die Angst vor der Abspaltung Freier Gemeinden zur Sprache kamen. Harte Vorwürfe wie der der Abkehr von Schrift und Bekenntnis wurden erhoben. Als einziger »Betroffener« saß Werner Klewinghaus, ein Nichttheologe und Vertreter der HuK, auf dem Podium, und er übersetzte die Diskussion in die Lebenswelt Homosexueller hinein: »Die gewohnterweise von der Kirche ausgegrenzten Menschen haben gelernt, ohne Kirche zu leben. Vermutlich hat der Theologische Ausschuß gespürt, daß unsere Kirche nicht ohne diese Menschen leben kann.« Damit stellte sich unausgesprochen auch die Frage, ob die Kirche lieber Gefahr laufen wollte, pietistische Mitglieder oder gar ganze Richtungsgemeinden einzubüßen, oder ob sie Homosexuellen demonstrieren wollte, dass für sie nur eine Mitgliedschaft minderen Rechtes infrage käme. Der Exodus von homosexuellen Kirchenmitgliedern wurde ansonsten nicht oder fast nicht thematisiert. Sie gingen einfach.

Auch sonst entfalteten sich anhand der kontroversen Diskussion Aktivitäten im Rheinland: Assistentinnen und Assistenten an der Kirchlichen Hochschule Wuppertal hielten im August 1997 eine Reihe von Vorträgen in den Citykirchen Wuppertal-Elberfeld und Wuppertal-Barmen. Die Kirchliche Hochschule selbst brachte einen Sammelband heraus, der das Thema in der Perspektive aller theologischen Disziplinen behandelte. In einer Stellungnahme vom August 1997 äußerte sich der Lehrkörper und riet dazu, die Diskussion auf breiter Basis fortzusetzen. Ein gemeinsames Votum der Hochschule gab es nicht. Der Systematisch-Theologische Beitrag aber sah den Begriff der »Gemeinschaftsgerechtigkeit« als wegweisend an. Alle Lebensgemeinschaften, auch die Ehe, hätten sich daran zu orientieren. Damit eröffne sich die Möglichkeit, »daß die Kirche in den Fragen der Anerkennung und Gleichberechtigung von Lebensformen neben der Ehe in ihrem eigenen Bereich (ius in sacris) rechtsschöpferisch wird und gemeindliche Rechtsakte entwickelt«.

Als sich die Rheinische Landessynode im Jahre 1999 mit dem Thema Segnung befasste, lagen ihr die Voten aus den Gemeinden und von Einzelpersonen vor: 45 % der Presbyterien hatten sich gegen eine Segnung ausgesprochen, 30 % dafür, 25 % waren unentschieden. Von den Kreissynoden befürworteten 52,3 % eine Segnung, 14,2 % waren dagegen, 28,5 % unentschieden. In den Gemeinden und Kirchenkreisen, jedenfalls in den Presbyterien und Synoden, hatten teilweise sehr intensive Debatten stattgefunden, die sich in ausführlichen oder wenigstens knappen Stellungnahmen niederschlugen. Einige Gemeinden hatten das Thema auch auf Gemeindeversammlungen diskutiert, Voten von Gemeindegruppen und Einzelnen gingen ein, die mehrere Aktenordner füllten und die ganze Diversität des rheinischen Protestantismus widerspiegelten. Hier und da sind Kontroversen vor Ort erkennbar, auch wenn die Stellungnahmen eindeutig waren, und gelegentlich konnte kein Beschluss gefasst werden, weil die Meinungen zu widersprüchlich waren. Die innerkirchlichen Konflikte wurden teilweise sogar in der Lokalpresse ausgetragen. Die Gegner der landeskirchlichen Generallinie, die sich offensichtlich oft auf Initiative pietistischer Verbände meldeten, griffen auf die geläufigen Argumente zurück, wobei oft die Auffassung in den Vordergrund trat, mit der Segnung homosexueller Paare gerate die traditionelle Ehe im gesellschaftlichen Wandel noch mehr in Gefahr. Aber auch die Auseinandersetzung mit dem biblischen Befund und den theologischen Fragen samt der Kritik an der »Gemeinschaftsgerechtigkeit« spielte eine große Rolle, ebenso der Vorwurf, hier werde dem Zeitgeist gefolgt. Manche kritisierten auch den Prozess an sich und das Vorgehen der »da oben«, die besser auf die »Basis« hören sollten, andere meinten, es gäbe Wichtigeres für die Kirche zu tun, oder das Diskussionspapier sei für Nichttheologen schwer verständlich. Manche Stellungnahmen bezogen sich auch auf die Stellungnahme der Bonner Evangelisch-Theologischen Fakultät vom November 1996, die grundsätzliche Kritik an SULTUS enthielt, im Blick auf den Gebrauch der Bibel, aber auch im Blick auf die humanwissenschaftliche Seite. Abschließend urteilten die Bonner Professoren, das Diskussionspapier tauge nicht als Wegweisung und trage eher zur Desorientierung bei.

Auch auf der Synode des Jahres 1999 wurde SULTUS intensiv und kontrovers diskutiert. Unterschieden wurde zwischen »Was wir gemeinsam sagen können« und »Was wir gemeinsam als Spannung aushalten müssen«. Die Frage der Segnung blieb offen, die Kirchenleitung wurde beauftragt, sie zu klären. Von Resignation, zunehmender Entfremdung, innerem und äußerem Auszug aus der Kirche war die Rede, und die Austrittsdrohung, einschließlich der von ganzen Kirchengemeinden, wurde wieder laut. Volker Kohlenberg, Vertreter des Rheinischen Gemeinschaftsbundes, trat aus Protest aus dem Arbeitskreis und der Synode aus und legte sein Amt als stellvertretendes Mitglied der Kirchenleitung nieder. Auf späteren Sitzungen des »Arbeitskreises Landeskirche / Landeskirchliche Gemeinschaften« spielte das Thema keine Rolle mehr; hier ging es zumeist um grundsätzliche Fragen des Verhältnisses von pietistischen Gemeinden und Verbänden zur Landeskirche.

Im Jahre 2000 befasste sich die Rheinische Landessynode wieder mit dem Thema, nun unter der Rubrik »Gottesdienstliche Begleitung gleichgeschlechtlicher Lebensgemeinschaften«. »Trotz noch bestehender schwerwiegender Unterschiede in Fragen der Schriftauslegung, die uns belasten«, wie es hieß, wurde also bei Paaren in eingetragener Lebensgemeinschaft eine »gottesdienstliche Begleitung« erlaubt, aber keine Segnung, und jede Verwechslung mit einer kirchlichen Amtshandlung sollte ausgeschlossen sein. Erlaubt waren solche »Begleitungen« nur nach einem Presbyteriumsbeschluss, wenn sich ein Pfarrer oder eine Pfarrerin zu der damit verbundenen seelsorgerlichen Aufgabe bereiterklärte und wenn mindestens ein Teil des Paares Kirchenmitglied war.

Dass sich letztlich die Segnung doch durchsetzte, war nicht das Ergebnis kirchenamtlicher Urteilsfindungen, sondern wiederum die Folge von Nachfragen interessierter Paare. Als 2002 in Köln ein schwules Paar den kirchlichen Segen für seine Liebe erbat, bekam es ihn. Der Kölner Superintendent Rolf Domning, ehemals Pfarrer in der gleichen Gemeinde wie Hans Mörtter, machte nur eine Voraussetzung: eine ernsthafte innere Vorbereitung. Dieser Linie stimmte auch Präses Manfred Kock zu. Ähnlich war der Vorgang 2005 in Bergisch-Gladbach: Das Presbyterium beschloss die Möglichkeit einer Segnung im Gemeindegottesdienst. Aus Vorstößen in den Gemeinden also entwickelte sich eine Praxis, die in der Rheinischen Kirche allmählich selbstverständlich wurde, jedenfalls da, wo sie nicht von evangelikal-pietistischer Seite angefochten wurde.

2016 beschloss die Rheinische Synode dann sogar als Erste, die Trauung für gleichgeschlechtliche Paare zu ermöglichen –

das war immerhin ein Jahr vor der Einführung der »Ehe für alle«. Begründet wurde das mit den Worten »Die Trauung ist ein Gottesdienst anlässlich der Eheschließung oder der Begründung einer Eingetragenen Lebenspartnerschaft, in dem die eheliche Gemeinschaft oder die Gemeinschaft der Lebenspartnerinnen oder Lebenspartner unter Gottes Wort und Segen gestellt wird.« Vonseiten der HuK kam ein Glückwunsch zu dem Beschluss und die Betonung, Verlässlichkeit und Verbindlichkeit seien die Leitprinzipien für heterosexuelle wie homosexuelle Ehen.

XV. Kaleidoskopartige Einblicke in andere Landeskirchen

Die Frage des Umgangs mit homosexuellen Pfarrern stellte sich in zunehmend mehr Landeskirchen, so dass die Badische Landeskirche 1984 bei der Rheinischen nachfragte, ob sie schon eine Verlautbarung zum Thema »homophile kirchliche Mitarbeiter« erstellt habe. Die Rheinische Landeskirche konnte damals nur auf die Stellungnahme ihres Öffentlichkeitsausschusses von 1968 verweisen, der 1970 veröffentlicht worden war.

Ein 1985 von der Evangelischen Kirche in Berlin-Brandenburg (West) veröffentlichter Brief des Landesbischofs Martin Kruse forderte eine Auseinandersetzung mit der Geschichte der Diskriminierung von Homosexuellen, andererseits ließ er die Möglichkeit der Nichtanstellung oder Entlassung homosexueller kirchlicher Mitarbeiter offen. Den unmittelbaren Anlass bildete die Entlassung eines Jugendmitarbeiters durch eine Kirchengemeinde in Berlin-Schöneberg, die in der kirchlichen, aber auch in der städtischen Öffentlichkeit Aufmerksamkeit erregte. Den einen war die Stellungnahme zu viel, den anderen zu wenig.

1991 trat die Evangelische Kirche von Berlin-Brandenburg mit einem »Wort« an die Öffentlichkeit, dessen unmittelbarer Grund Gewaltakte durch Skinheads bei einem schwul-lesbischen Fest war. Das »Wort zur Gewalt gegen Homosexuelle« stellte eine erstmalige Solidarisierung dar. Zugleich war diese Stellungnahme innerkirchlich noch für viele eine Provokation, denn in ihr fand sich die Aussage, Homosexualität sei weder sündhaft noch krankhaft. Dem Wort und der darauf folgenden Kritik daran folgte eine Stellungnahme der Berlin-Brandenburgischen Kirchenleitung, die auch das Bekenntnis zur Mitschuld der Kirchen an der Verfolgung Homosexueller bestärkte. Das Wort und die Stellungnahme der Kirchenleitung sollten zu einer Diskussion im Bereich der EKD führen – so war es die Hoffnung der Berlin-Brandenburgischen Kirche. 1991 wurde durch eine Erklärung der Kirchenleitung Homosexualität als anderer Ausdruck von Sexualität bezeichnet, damit war sie faktisch akzeptiert.

1994 beschloss die Landessynode der Evangelisch-Lutherischen Kirche in Bayern eine »Stellungnahme zu Fragen der Homosexualität«, die ausgewogen aussehen sollte, aber dadurch auch Vorurteile bediente, da sie den seelsorgerlichen Aspekt stark machte und eine Segnung homosexueller Paare ablehnte. Die Beschäftigung mit der Thematik hatte in kirchenoffiziellen Kreisen in Bayern eine längere Geschichte und ging zurück auf die Segnung eines lesbischen Paares in Würzburg durch den Pfarrer Richard Weißkopf. In den Kontext der bayrischen Debatten gehörte ein von der Krankenhauspfarrerin Barbara Kittelberger 1993 federführend herausgegebener Sammelband »Was auf dem Spiel steht. Diskussionsbeiträge zu Homosexualität und Kirche«. Die Herausgeber – beteiligt waren auch der Pfarrer Wolfgang Schürger, damals Doktorand, und der Journalist Wolfgang Heilig-Achneck – plädierten in ihrer Einleitung für mehr Mut. Die Kirche sei in der Bewährung, die Gesprächssituation aber festgefahren und eine Revision des Themas im Sinne einer »Neu-Sichtung« an der Zeit. Der Sammelband enthielt auch eine Reihe von Erfahrungsberichten von Schwulen und Lesben, die zeigten, dass von wirklicher Akzeptanz noch keine Rede sein konnte.

Die Initiativen in der Rheinischen Landeskirche wirkten stark auf die Evangelische Kirche in Hessen und Nassau (EKHN) ein. 1985 äußerte sich der Stellvertreter des Kirchenpräsidenten der EKHN, Hans Martin Heusel, in den Lutherischen Monatsheften dahingehend, dass die Stellungnahme des Öffentlichkeitsausschusses der Evangelischen Kirche im Rheinland von 1968/1970 schon alle wesentlichen Gesichtspunkte enthalte: Es gebe unkorrigierbare Homosexualität, die auch in einer festen Partnerschaft mit Geschlechtsverkehr gelebt werden könne. Die biblischen Äußerungen zur Homosexualität wurden von Heusel angesprochen, aber nicht weiter berücksichtigt, da »die Übernahme der generellen Verurteilung der Homosexualität dem Problem in seiner Differenziertheit nicht gerecht wird«. Allerdings wollte Heusel auch nicht so weit gehen, die Homosexualität als Schöpfungsvariante zu bezeichnen. Abschließend riet Heusel zum Gespräch zwischen Homosexuellen und Heterosexuellen, und er bezog sich dabei auf einen entsprechenden Aufruf der Evangelischen Kirche in der Kirchenprovinz Sachsen.

1993 wurde dann auf der Grundlage des Diskussionspapiers der Rheinischen Landeskirche von der Kirchenleitung der EKHN ein Denkprozess angestoßen, der in den Gemeinden zu Rückäußerungen führen sollte – befassen sollten sich damit die Kirchenvorstände. Auch in der Vorgehensweise machte sich also das Rheinische Vorbild bemerkbar. Das Ziel, diese Rückäußerungen bald zu erhalten, wurde nicht erreicht, so dass die Frist verlängert werden musste – offenbar war der Gesprächsbedarf in den Gemeinden doch nicht so groß, denn am Ende kamen nur aus rund 15 % von ihnen Stellungnahmen. Vor allem zeigte sich, dass die Rückmeldungen von großer Diversität geprägt waren, zu der natürlich auch die Ablehnung einer

Öffnung der Kirche gegenüber dem Thema und den homosexuellen Menschen gehörte. Dabei standen biblische, ablehnende Bezüge gegen seelsorgerliche, befürwortende. Die Unterscheidung von Segnung und Trauung wurde eingefordert, andere wollten, dass wenigstens Segnungen vollzogen würden. Im Blick auf die Pfarrerschaft und auch andere kirchliche Mitarbeiterinnen und Mitarbeiter spannte sich ebenfalls der gängige Bogen: Homosexuelle Pfarrer konnten ebenso als gefährlich für Jugendliche angesehen wie ihre Einstellung befürwortet werden. Auch bei Befürwortern einer Öffnung aber gab es Angst vor einer »exzessiv gelebten« Sexualität im Sinne häufiger Partnerwechsel.

Heftige Kritik kam aus manchen Gemeinden, weil man meinte, eine Öffnung der Kirche im Blick auf homosexuelle Pfarrer und die Segnung gleichgeschlechtlicher Paare sei schon längst beschlossene Sache, und es handele sich nur um eine scheinbare Beteiligung der Gemeinden. Die Kirche folge nur dem Zeitgeist und schere sich nicht um die Bibel, die Homosexualität klar als Sünde verurteile. Damit war - wie so oft in der Debatte um Homosexualität - ein Grundthema angesprochen, nämlich die Rezeption und Deutung der Bibel im Blick auf die Lebensführung. Andererseits ist daran auch die Kritik an einem scheinbaren Elitendiskurs abzulesen, die sich im Rheinland schon in der Kritik an denen »da oben« niedergeschlagen hatte. Aus anderen Gemeinden kamen zustimmende Voten, nicht nur in der Sache, sondern auch im Blick darauf, dass man nun erstmals mit Homosexuellen gesprochen habe - Vertreter von »Homosexuelle und Kirche« und anderen Vereinigungen von Schwulen und Lesben waren oft als Gäste in die Kirchenvorstände eingeladen worden und hatten sich im Umgang als »normale« Menschen erwiesen.

1996 wurde von der Kirchenleitung der EKHN nach der Auswertung der Umfrage eine Dokumentation vorgelegt: »Schwule, Lesben ... Kirche. Homosexualität und kirchliches Handeln«. Sie bildete die Ergebnisse mitsamt der heftigen Kontroverse und dem Widerspruch gegen das Rheinische Diskussionspapier ab und enthielt eine Einleitung, die auf den gesellschaftlichen Ist-Stand hinwies: Homosexualität ließ sich nicht verdrängen oder beseitigen, sie war auch aus der Ecke der Heimlichkeit und Peinlichkeit herausgetreten. Diese Heimlichkeit und Peinlichkeit aber sei in der Kirche immer noch größer als in der Gesellschaft überhaupt. Menschen sollten also auch im Raum der Kirche in homosexuellen Partnerschaften leben können. Dass man sich aber mit dem Thema befasste, wurde nicht zuletzt den Aktivitäten der Gruppen »Homosexuelle und Kirche« und »Lesben und Kirche« zugeschrieben. Die EKHN-Dokumentation arbeitete in typischer Weise das Thema ab: exegetisch und systematisch-theologisch, aber auch - anders als andere Stellungnahmen im Raume der Kirche - psychologisch und medizinisch. Konkret bildeten auch in der EKHN die Frage der Lebensführung der Pfarrerinnen und Pfarrer und die der Trauung und Segnung homosexueller Paare die eigentlichen Problemfelder. Dass man immer noch meinte, einen Bann des Schweigens brechen zu müssen, zeigte, dass man im Raum der Kirche das Sprechen darüber eben noch nicht gelernt hatte. Von der Kirchenleitung der EKHN wurde das Diskussionspapier aus dem Rheinland als positiver Impuls verstanden: Die menschliche Sexualität wurde als eine in vielerlei Gestalt angesehen, zu der eben auch die Homosexualität gehöre, und der heterosexuellen Ehe wurde keine Exklusivität mehr beigemessen. Dass dabei die Abschaffung des § 175 StGB im Jahre 1994 im Hintergrund stand, wurde auch offen gesagt.

Letztlich wurde die Segnung gleichgeschlechtlicher Paare ermöglicht, und hiermit ging die EKHN den Weg der Rheinischen Landeskirche. Den Hintergrund hierfür wiederum bildete das Lebenspartnerschaftsgesetz, das seit 2001 im Sinne einer eheähnlichen Verbindung minderen Rechtes die Verpartnerung gleichgeschlechtlicher Paare ermöglichte. In der Folge gab das Leitende Geistliche Amt, also die hessen-nassauische Kirchenleitung, ein Votum ab, in dem es eine Öffnung befürwortete. Dies wurde auch vom Theologischen Ausschuss unterstützt: In der Abstimmung in der Synode wurden noch einmal die divergierenden Positionen sichtbar: 117 Synodale stimmten für das Gesetz, das die Segnung gleichgeschlechtlicher Paare ermöglichte, 41 dagegen, sechs enthielten sich. Auf die Segnung gab es keinen Anspruch, so dass konservative Pfarrer und Gemeinden nicht dazu gezwungen werden konnten.

2013 wurden in der EKHN Segnung und Trauung kirchenrechtlich gleichgestellt, es blieb aber bei der terminologischen Unterscheidung. 2015 wurden 188 schwule oder lesbische Paare in der EKHN gesegnet und 3.950 heterosexuelle Paare getraut.

In der Nordelbischen Kirche begann 1989 ein Diskussionsprozess mit einer Tagung in der Evangelischen Akademie Bad Segeberg. »Das Kreuz der Kirche mit der Homosexualität« war das Thema, und das Ergebnis waren »Neun Bitten« an die Kirchenleitung. Zu diesen gehörte die Bitte um die Einberufung einer Synode zum Thema »Sexualität in Freundschaft, Partnerschaft und Ehe«. Die Kirchenleitung blieb einstweilen auf einem restriktiven Kurs. Das Bischofskollegium – also die Bischöfe Karl-Ludwig Kohlwage (Lübeck), Maria Jepsen (Hamburg) und Hans Christian Knuth (Schleswig) – beschloss 1993, das Zusammenleben homosexueller Paare im Pfarrhaus sei nicht möglich, und ein Segnungsgottesdienst für homosexuelle Paare komme nicht infrage. Faktisch wurden ein Zusammenleben im Pfarrhaus aber geduldet und Segnungsgottesdienste gehalten, die aber nicht publik gemacht wurden.

Im gleichen Jahr 1993 beschloss die Kirchenleitung der Nordelbischen Kirche, also ein von der Synode gewähltes Gremium, das Thema Homosexualität und homosexuelle Partnerschaft zu behandeln. Dazu sollte eine Handreichung erstellt werden, die 1995 zum Thema »Ehe, Familie und andere Lebensformen« vorlag. Das Leitbild Ehe wurde in diesem Text infrage gestellt und die Kirche aufgefordert, darüber nachzudenken, ob nichteheliche Lebensgemeinschaften, z. B. »homophile Partnerschaften, sofern sie auf Liebe, Treue und Dauer angelegt sind, ebenfalls als christliche Lebensformen verstanden werden können«. Die Stellungnahme der Kirchenleitung zu dieser Handreichung signalisierte durchaus Zustimmung, das Bischofskollegium gab sich unentschieden und betonte das in der Handreichung hervorgehobene Stichwort »Liebe« (das ja auch in den kirchlichen Debatten im Rheinland eine Rolle spielte). Eine Umfrage in der Nordelbischen Kirche zeigte, dass ein Teil der Gemeinden für Segnungen gleichgeschlechtlicher Paare war, ein Teil dagegen.

1996 sprach die Synode der Nordelbischen Kirche sich dafür aus, »verbindliche und auf Dauer angelegte eheähnliche Partnerschaften als Lebensform anzuerkennen«. »Eheähnlich« war ein Stichwort mit Signalcharakter, das die Exklusivität der heterosexuellen Ehe gefährdete. In ihrer Stellungnahme von 1996, die sich auf die Handreichung »Ehe, Familie und andere Lebensformen« von 1995 bezog, gab die Synode auch ein Schuldbekenntnis ab, in dem von der jahrhundertelangen Verdammung weiblicher und männlicher Homosexualität und von der Verfolgung und Ermordung homosexueller Frauen und Männer die Rede war.

Im gleichen Jahr 1996 wurde der Hamburger Pfarrer Rainer Jarchow angefeindet, weil er in seiner Gemeinde ein schwules Paar gesegnet hatte. Jarchow war als AIDS-Pastor ohnehin in einer exponierten Stellung. Von Gotteslästerung war die Rede. Die Nordelbische Kirche reagierte mit einer gewissen Gelassenheit, und die Hamburger Bischöfin Maria Jepsen stellte sich hinter Jarchow. Kritik kam auch in der Nordelbischen Kirche von gut organisierter konservativer Seite, vor allem von der »Kirchlichen Sammlung um Bibel und Bekenntnis«. Einer ihrer prominenten Vertreter war Ulrich Wilckens, ehemaliger Bischof des Sprengels Holstein-Lübeck. Er unterschied therapierbare Homosexuelle von solchen, bei denen ihre Prägung nicht zu verändern war. Diese zählte er zu denen, »die mit einer Behinderung leben müssen«. Der Neutestamentler Wilckens interpretierte das Neue Testament in einer lange traditionellen Weise: Homosexualität ist widernatürlich und eine Sünde, die Gottes Zorn hervorruft. Insofern ist sie eine selbstzerstörerische Sucht. Angefeindet von konservativer Seite wurde insbesondere der nordelbische Oberkirchenrat Bertold Höcker, da er für die Segnung homosexueller Paare werbe.

1996 brachte der Rat der EKD die »Orientierungshilfe« »Mit Spannungen leben« heraus, in der die Gleichwertigkeit der Lebensformen bestritten und die Möglichkeit einer Segnung homosexueller Partnerschaften verworfen wurde. Das nordelbische »eheähnlich« war demgegenüber sehr weitgehend, auch wenn die Frage der Segnung noch sehr zurückhaltend beantwortet wurde. Auf der Synodentagung des Jahres 1997 drängte die Kirchenleitung die Synode, sich stärker der »Orientierungshilfe« anzunähern, aber es blieb dabei, dass die Synode in der Mehrheit eine starke Nähe von gleichgeschlechtlichen Partnerschaften zur Ehe sah. Segnungen homosexueller Paare sollten zwar restriktiv behandelt werden, und Segnungen im Gottesdienst sollten die Ausnahme bleiben, doch wurde die gestattete Ausnahme oft zur geduldeten Regel. Man kam den gleichgeschlechtlichen Paaren hier also kirchlicherseits wie im Rheinland entgegen. Das aber widersprach dem Anliegen der »Orientierungshilfe« der EKD.

Das zeitliche Zusammenfallen dieser öffentlichkeitswirksamen Stellungnahmen führte zu Spannungen zwischen der EKD wie auch der VELKD und der Nordelbischen Kirche, zumal die beiden nordelbischen Bischöfe Kohlwage und Knuth gegen den Beschluss der Synode waren, da er die Exklusivität der Ehe gefährdete, die Hamburger Bischöfin Jepsen aber dafür. »Wilder Kirchenkampf um wilde Ehe«, titelte die »taz«. Die Bischofskonferenz der VELKD riet der Synode der Nordelbischen Kirche auf dieser Grundlage eindringlich zu einer Revision ihrer Beschlüsse. Auch der Rat der EKD meldete sich zu Wort und beklagte wie auch die VELKD das Ausbrechen aus dem bisherigen Konsens. Die Nordelbische Synode betonte daraufhin die besondere Wertschätzung für die Ehe, blieb aber bei ihrem Kurs der Aufwertung nichtheterosexueller Lebensgemeinschaften.

Der Streit innerhalb der Nordelbischen Kirche setzte sich noch fort. Im Jahre 2000 aber machte die Synode die Segnung gleichgeschlechtlicher Paare im Gottesdienst möglich, und 2016 wurde diese Segnung als Amtshandlung, einer Trauung vergleichbar, anerkannt. Allerdings blieb es bei der terminologischen Unterscheidung von »Segnung« und »Trauung«. In Anspruch genommen hatten die Möglichkeit der Segnung von 2000 bis 2016 ungefähr 100 Paare.

XVI. Der gescheiterte Versuch einer gesamtkirchlichen Linie: »Mit Spannungen leben«

Die »Orientierungshilfe« mit dem Titel »Mit Spannungen leben« wurde im Kirchlichen Jahrbuch durch die Veröffentlichung von Stellungnahmen, auch kritischen, flankiert. Das Dokument war von einer Arbeitsgruppe verfasst worden, die der Rat der EKD 1994 eingesetzt hatte. Der Arbeitsauftrag berührte sehr grundsätzliche Fragen, nämlich zum einen die »Einschätzung«, an der Stellung zur Homosexualität entscheide sich die Bindung der evangelischen Kirche an die Heilige Schrift, und zum anderen die »Einschätzung«, in der Frage der Homosexualität stehe die Einheit der evangelischen Kirche auf dem Spiel. Hier spiegelten sich Anfragen aus evangelischen Kreisen wider, die die Debatte um die Homosexualität zum Anlass nahmen, die Integrität des landeskirchlichen Protestantismus infrage zu stellen – wieder einmal, könnte man sagen. Den Vorsitz der Arbeitsgruppe hatte der Systematische Theologe Wilfried Härle inne, Mitglieder mit einem gewissen Bekanntheitsgrad waren die Hamburger Bischöfin Maria Jepsen und der Theologieprofessor Joachim Track. Dass es heftige Kontroversen in der Arbeitsgruppe gegeben hatte, wurde nicht verschwiegen, und diese bildeten sich auch noch in der »Orientierungshilfe« ab. 1995 hatte es auch ein »Gespräch mit persönlich Betroffenen« gegeben, darunter Joachim Kroll (HuK), Angela Schneider (LuK) und Dagmar Harmsen (LiK). Der Rat der EKD machte sich den Text der Arbeitsgruppe 1996 zu eigen, damit hatte er einen offiziellen Status.

Auffällig an der »Orientierungshilfe« war, dass sie sich wenig auf die Humanwissenschaften bezog. So wurde die Auffassung, Homosexualität sei eine unveränderbare Prägung, neben die gestellt, Homosexualität sei korrigierbar und führe zu Befreiung und Selbstfindung. Weil diese Position als gleichwertig anerkannt wurde, wurde ein Teil der Homosexuellen auch weiterhin als Klientel für seelsorgerliche Beratung und Begleitung angesehen, das aber auch, weil sie unter der Ablehnung durch andere litten. Ihnen wurde aber auch ein Leiden an der eigenen Homosexualität zugeschrieben. In den Vordergrund trat also eine biblisch-theologische Argumentation, das aber nicht nur im Blick auf das Thema Homosexualität, sondern auch im Blick auf das Thema Ehe und Familie - ein durchaus auffälliges Verfahren. Ein zu schlichter Gebrauch der Bibel wurde durch eine hermeneutische Klärung vermieden, andererseits wurde unter Beiziehung von Gen 1,27 immer noch ganz unreflektiert von einer schöpfungsmäßigen Bipolarität von Mann und Frau ausgegangen. Die Feministische Exegese, die diese scheinbare Bipolarität schon infrage gestellt hatte, wurde dabei außer Acht gelassen. Die biblischen Aussagen zur Homosexualität wurden so verstanden, dass es hier um die Ablehnung homosexueller Praxis gehe, dass aber auch homosexuelle Beziehungen unter dem Liebesgebot stehen würden und darum gelebt werden könnten. Eine Spannung bestand also zwischen »homosexueller Praxis« und dem Zusammenleben in ethischer Verantwortung unter dem Gebot der Nächstenliebe - damit waren Freiwilligkeit, Ganzheitlichkeit, Verbindlichkeit, Dauer und Partnerschaftlichkeit gemeint. »Verantwortliche Gestaltung« war ein weiteres Stichwort. Ein ethisch verantwortliches Zusammenleben konnte auch nur einem Teil der Homosexuellen attestiert werden, da ein anderer Teil einen häufigen Partnerwechsel bevorzuge. Ganz traditionell wurde zur Enthaltsamkeit als einer Option neben der Partnerschaft geraten, wobei man »die dadurch freiwerdende Triebenergie« für nützliche Dinge einsetzen sollte. Wer nicht enthaltsam leben wollte oder konnte und die Bedingung erfüllte, »eindeutig und unveränderbar homosexuell« geprägt zu sein, wurde wiederum an das Gebot der Nächstenliebe verwiesen.

Die (heterosexuelle) Ehe und die Familie mit Kindern blieben die entscheidenden Leitbilder in der »Orientierungshilfe«. Da sich Homosexuelle an diesen Leitbildern nicht ausrichten könnten, dürften sie es auch nicht. Eine Ehe komme also nicht infrage. Die zu dieser Zeit schon diskutierte Möglichkeit einer eingetragenen Lebenspartnerschaft wurde nur unter der Bedingung akzeptiert, dass der Abstand zur Ehe deutlich sichtbar blieb. Als Aufgabe der Kirche wurde benannt, gegenüber dem Staat für den Abbau von Benachteiligungen einzutreten; konkret genannt wurden das Erb- und Mietrecht. Was nun die Öffnung des Pfarramtes für Homosexuelle anging, empfahl die »Orientierungshilfe« einen restriktiven Kurs, d. h., nur im Einzelfall und nach gründlicher Prüfung der Lebensumstände sollte ein Homosexueller Pfarrer werden können – von Frauen war hier, wieder einmal, nicht die Rede. Das Zusammenleben homosexueller Paare im Pfarrhaus wurde gänzlich abgelehnt. Dabei kam auch zur Sprache, dass das Pfarrhaus die ihm zugeschriebene Vorbildfunktion (die im Übrigen nie jemand soziologisch überprüft hat), schon weithin, jedenfalls in größeren Städten, verloren hatte. Dass eine (natürlich nur »verantwortlich gestaltete«) homosexuelle Partnerschaft eine positive Funktion haben könnte, kam zwar zur Sprache: »Aber das hebt die genannten Bedenken und Einwände nicht auf.« Abgelehnt wurde auch eine gottesdienstliche Segnung; diese sei nur in der Intimität der Seelsorge möglich. Gesegnet werden könnten ohnehin nur Menschen, nicht die Partnerschaft.

»Mit Spannungen leben« erzeugte heftige Spannungen, die sich in einer ganzen Reihe von Stellungnahmen niederschlugen. Dies lag auch daran, dass die »Orientierungshilfe« wie alle Texte dieses Genres aus kirchlichen Kreisen selbst inhaltliche Spannungen enthielt, die in eine wenig mutige Mittelposition mündeten. Volker Beck (Die Grünen) nannte die »Orientierungshilfe« wohl auch darum einen faulen innerkirchlichen Kompromiss. Aus den Reihen von Labrystheia kam ein Offener Brief an den Rat der EKD, der in der »Orientierungshilfe« einen Rückschritt gegenüber den Äußerungen einzelner Landeskirchen sah und der nicht zuletzt ein Gespräch mit Lesben und Schwulen, nicht über sie einforderte. Kritik kam erwartungsgemäß auch vom Ökumenischen Arbeitskreis »Lesben und Kirche« (LuK) und auch von der Initiative »Homosexuelle und Kirche« (HuK). Deren Kritik richtete sich u. a. gegen die weitgehende Ausblendung der Humanwissenschaften zugunsten der Theologie und ebenfalls gegen eine Verkennung der Lebenswirklichkeit schwuler und lesbischer Paare. Auch von dieser Seite aus wurde auf Stellungnahmen einzelner Landeskirchen, insbesondere der Nordelbischen, verwiesen, die schon eine Anerkennung gleichgeschlechtlicher Lebenspartnerschaften einforderten. Klaus Brinker gestand gegenüber der »Orientierungshilfe« der VELKD von 1980 einen gewissen Fortschritt zu, unterzog das Papier aber ebenfalls einer grundsätzlichen Kritik, die sich auf die Spannungen darin bezog: Homosexualität sollte der »Orientierungshilfe« zufolge eine Prägung sein, aber nicht schöpfungsgegeben. Im Zentrum stehe die Verteidigung des Leitbildes von Ehe und Familie und damit des evangelischen Pfarrhauses, über dessen aktuelle Bedeutung man aber nichts wisse. Der Kieler Systematische Theologe Hartmut Kreß, Sachverständiger in den Debatten der Nordelbischen Kirche, würdigte die Anerkennung der Möglichkeit homosexueller Partnerschaften als Fortschritt, wenn sie auch im Pfarrhaus nicht geduldet werden sollten. Deutlich kritisierte Kreß die Verweigerung von Segnungen und brachte auch deutlicher, als es die »Orientierungshilfe« selbst tat, die in Staat und Gesellschaft diskutierte Möglichkeit eingetragener Lebenspartnerschaften ins Spiel. Scharfe Kritik kam von Manfred Josuttis, der sich ja mit Klaus Brinker solidarisiert hatte: »Schwule gehören nicht ins KZ, aber auch nicht auf die Kanzel«, so könne man die kirchliche Position zusammenfassen.

Auf der Gegenseite meldete sich die »Bekenntnisbewegung ›Kein anderes Evangelium‹« zu Wort, die die »Orientierungshilfe« als »ein bedrückendes Beispiel theologisch ethischer Verantwortungslosigkeit mit unabsehbaren Auswirkungen« ansah. Das Dammbruchargument, das auch bei der Einführung der Frauenordination immer wieder eine Rolle gespielt hatte, fand auch hier Verwendung: Die Öffnung des Pfarramtes für Homosexuelle, selbst wenn sie zölibatär lebten, wurde abgelehnt. Da die Bibel Homosexualität prinzipiell ablehne und die Schöpfungsordnung Ehe und Familie als Leitbild vorgebe, sei die »Orientierungshilfe« »Verrat am Evangelium«. »Homoerotisch empfindenden Menschen« müsse der Weg zu diesen Leitbildern eröffnet werden, »wenn sie eine Normalisierung ihrer Gefühlswelt anstreben«.

Angeregt von der Veröffentlichung der »Orientierungshilfe« erschienen dann einige Aufsätze bekannter evangelischer Theologen, die das Thema noch einmal grundsätzlich angingen. Auch auf dieser Ebene wurde das Spektrum der Meinungen sehr deutlich, wobei die Mehrheitsmeinung auf der Linie der »Orientierungshilfe« lag. Grundsätzlich wurde der Vorrat der Argumente, die man abwägen konnte, jedenfalls nicht größer, und das galt auch für die immer wieder angeführten Bibeltexte. Waren die Bibelstellen, die Homosexualität ablehnten, als zeit- und kulturbedingt zu ignorieren? Oder fiel damit die Autorität der Bibel insgesamt dahin? Ging es im Alten Testament bei der Ablehnung von Homosexualität nur um die Ablehnung fremder Kulte, oder war das eine billige Ausrede? Und wie sollte nun mit dem reformatorischen Prinzip umgangen werden, dass die gesamte Botschaft des Evangeliums zum Maßstab gemacht werden sollte?

Unterdessen hatten einzelne Landeskirchen wie die Nordelbische oder die Rheinische schon begonnen, die EKD zu überholen, und vor allem hatte die kirchliche Praxis sich gemildert: Segnungen konnten Trauungen ähnlich sein, schwule oder lesbische Paare im Pfarrhaus wohnen, wenn es denn geduldet wurde. Vor allem aber überholten Politik und Recht, ähnlich wie 1969, die kirchliche Urteilsbildung, und auch theologisch-ethisch gab es neue Wortführer:

Die vierte Auflage der RGG erschien zwischen 1998 und 2005, der dritte Band mit dem Artikel »Homosexualität« 2000. Dieser stammte nicht mehr aus einer Hand, sondern war gegliedert in einen religionswissenschaftlichen, einen exegetischen, einen ethischen und einen praktisch-theologischen Teilartikel. Der ethische Teil wurde von dem Sozialethiker Hartmut Kreß verfasst, der praktisch-theologische von dem Religions- und Gemeindepädagogen Martin Steinhäuser, der 1998 seine Dissertation als Buch mit dem Titel »Homosexualität als Schöpfungserfahrung« veröffentlicht hatte. In diesem

Buch hatte er auch Homosexuelle in Selbstzeugnissen mit ihren Erfahrungen zu Wort kommen lassen, und daran knüpfte der Titel an, denn es sollte nun also nicht mehr um Schöpfungsordnungen, sondern um Schöpfungserfahrungen gehen. Durch die Beigabe von Interviewausschnitten waren vermutlich viele Leserinnen und Leser erstmals direkt mit der Lebenswirklichkeit und dem Selbstverständnis von Homosexuellen konfrontiert worden. Dass diese einen unterdurchschnittlichen Bezug zu Religion und Kirche hatten, wurde von ihm ebenso vermerkt wie die »Überrepräsentanz« schwuler Pfarrer. Steinhäuser ging auch davon aus, dass die sexuelle Orientierung nicht an sich ein Problem sei, sondern die Wertungen von außen, die von den Betroffenen internalisiert würden. Zur Befassung mit dem Thema war Steinhäuser gekommen – und das ist nicht ganz unwesentlich –, weil er zu Beginn seines Studiums am Theologischen Seminar Leipzig (der Kirchlichen Hochschule also) einen der wichtigsten Protagonisten auf diesem Feld in der kirchlichen Szene der DDR kennengelernt hatte: Eduard Stapel. Betreut wurde Steinhäusers Arbeit von dem an der Kirchlichen Hochschule lehrenden Praktischen Theologen Jürgen Ziemer, der 1982 den Vortrag bei der Auftaktveranstaltung des homosexuellen Arbeitskreises an der Leipziger ESG gehalten hatte.

In seinem Teilartikel in der RGG wies Steinhäuser auf die Selbstorganisation von Homosexuellen im Bereich der Kirche hin. Hervorgehoben wurden von ihm auch die nun schon zahlreichen bekannt gewordenen Fälle homosexueller Pfarrer und die Debatten um die Segnung gleichgeschlechtlicher Paare. Die Frage einer Therapie von Homosexualität wurde von ihm als nur noch vereinzelte Meinung angesehen. Zu Steinhäusers praktisch-theologischer Position passte die des Ethikers Kreß, der davon sprach, in den 1980er und 1990er Jahren des 20. Jahrhunderts hätten sich ethisch, rechtspolitisch und auch kirchlich die Bemühungen nochmals intensiviert, an der abendländischen Moraltradition Korrekturen vorzunehmen.

XVII. Die Kirche unter Zugzwang: neue Lebensformen, neue Gesetze

Im Jahre 1994 wurde der § 175 StGB außer Kraft gesetzt. Nicht unwesentlichen Anteil daran hatte ein Jurist, der 1985 zur HuK gestoßen war, nachdem er sich geoutet und damit seine Karriere auf's Spiel gesetzt hatte: Manfred Bruns, Bundesanwalt am Bundesgerichtshof in Karlsruhe. Bruns hatte jahrzehntelang eine Vorzeigeexistenz als Ehemann und Vater geführt und sich dann ein Herz gefasst. Nach seinem Outing wurde er als »notorischer Sünder« von der katholischen Kirche von der Kommunion ausgeschlossen und trat daraufhin aus der Kirche aus. In den nächsten Jahren kämpfte er für die Abschaffung des § 175 und hatte 1994 damit auch Erfolg. Im gleichen Jahr wurde ihm u. a. für sein Engagement für die Rechte Homosexueller das Bundesverdienstkreuz erster Klasse verliehen. Das Ende des § 175 StGB war auch das Ende aller Versuche, ihn noch als Anker für die Diskriminierung von Homosexuellen zu nehmen. Allerdings spielte er in den kirchlichen Argumentationen ohnehin keine Rolle mehr.

Das 2001 in Kraft getretene Lebenspartnerschaftsgesetz (»Gesetz über die eingetragene Lebenspartnerschaft«) stellte die evangelische Kirche vor ganz neue Herausforderungen. Der Gesetzgeber hatte das jahrzehntelang bestehende Abstandsgebot zwischen der Ehe und anderen Lebensformen weitgehend aufgehoben. Auch wenn die Lebenspartnerschaft keine Ehe war, waren ihre Rechtsfolgen, z. B. im Erbrecht und im Mietrecht, doch denen der Ehe ähnlich. Den Weg dorthin, der mit ersten Gesetzesinitiativen 1998 begann, hatte die evangelische Kirche mit Stellungnahmen begleitet. Diese Initiativen nannten als wesentliches Ziel die »Beendigung der Diskriminierung gleichgeschlechtlicher Gemeinschaften: Lebenspartnerschaften«, und auch von kirchlicher Seite war auf einen wenigstens teilweisen Abbau solcher Diskriminierungen gedrungen worden. Mit der eingetragenen Lebenspartnerschaft hatten die von kirchlicher Seite immer wieder eingeforderte Verbindlichkeit homosexueller Partnerschaften und ihr Charakter als Verantwortungsgemeinschaft nun einen Rechtsrahmen erhalten. Dies bot die Möglichkeit, von kirchlicher Seite aus die »Orientierungshilfe« von 1996 »Mit Spannungen leben« anzuführen und darauf zu verweisen, dass man doch schon hier eine Aufhebung von Benachteiligungen gefordert habe. Allerdings begannen nun erst recht die Debatten um die Frage Segnung oder Trauung.

Der Rat der EKD gab 1998 bei der Kammer für Öffentliche Verantwortung der EKD eine Stellungnahme in Auftrag, die die Stärkung von Verlässlichkeit und Verantwortung hervorheben, die aber auch die Vorrangigkeit und Exklusivität der heterosexuellen Ehe betonen sollte. Der entsprechende Text lag schon 1999 vor und spielte als Beratungsgrundlage für den Rat eine Rolle, der bei den beiden Aspekten Verantwortung und exklusive Stellung der Ehe wichtige Schwerpunkte sah. Der Text wurde 2000 unter dem Titel »Verlässlichkeit und Verantwortung stärken« veröffentlicht und begann mit dem Satz: »Gleichgeschlechtliche Lebensgemeinschaften sind eine gesellschaftliche Realität.« Allerdings, so hieß es weiter, lebe nur eine kleine Minderheit von »gleichgeschlechtlich geprägten Menschen« in einer auf Dauer angelegten Partnerschaft – ein offensichtlich recht freihändig gewonnener soziologischer Befund. Dies galt auch für die Behauptung, Ehe und Familie seien der »Normalfall des Zusammenlebens«. Der Normalfall sollte also zum normativen Fall werden. Die Ehe dürfe nicht »geschwächt« oder »ausgehöhlt« werden. Unverheiratete Paare oder Alleinerziehende kamen hier schon einmal nicht vor, dass die Ehe durch steigende Scheidungsraten zunehmend im Blick auf ihre Dauer ausgehöhlt war, wurde nicht thematisiert. Die »Orientierungshilfe« »Mit Spannungen leben« sollte der Leittext bleiben, »ohne sich damit alle ihre Argumente und Positionen zu eigen zu machen«. Damit war verklausuliert gesagt, dass die sich in der »Orientierungshilfe« niederschlagenden Spannungen geblieben waren und dass auch nicht stimmte, was in »Verlässlichkeit und Verantwortung stärken« behauptet wurde, nämlich dass die »Orientierungshilfe« in Kirche, Theologie und Öffentlichkeit auf starke Zustimmung gestoßen sei. Die »Widersprüche«, von denen auch die Rede war, stellten eben keine Kleinigkeit dar. In abgeschwächter Form kam in dem Text von 2000 auch die alte Verführbarkeitsthese noch einmal zum Tragen: Könnten nicht Bisexuelle und Jugendliche durch die Einführung der Lebenspartnerschaft ein Signal erhalten, das zum Ausprobieren einlädt? Auch wenn das neue Rechtsinstitut nicht gänzlich abgelehnt wurde, war doch klar, dass eine Lebenspartnerschaft nur eine Einrichtung minderen Rechtes sein konnte. Gleichgeschlechtliche Partnerschaften konnten dann »Orte der Bewährung und Einübung mitmenschlichen Beistandes sein«. Menschen, die in solchen Partnerschaften lebten, wurden im Übrigen nicht gefragt, wie sie ihr Leben sahen.

Den schließlich vorliegenden Gesetzentwurf für die eingetragene Lebenspartnerschaft lehnte die EKD ab, weil er das Abstandsgebot zur Ehe nicht beachtete. Eine rechtliche Absicherung homosexueller Lebensgemeinschaften wurde aber durchaus akzeptiert, wenn dadurch Benachteiligungen verringert würden. Aktiv konnte die EKD den Gesetzgebungsprozess nicht beeinflussen, da sie im parlamentarischen Prozess auch nicht gefragt wurde. Immerhin antwortete Frank-Walter Steinmeier, zu dieser Zeit Chef des Bundeskanzleramtes, dem Verbindungsmann der EKD zur Bundesregierung, Stephan Reimers, in verbindlichem Ton und dankte für das Engagement der Kirche im Blick auf den Abbau von Diskriminierungen. Diese und andere Äußerungen wurden dann im Kirchlichen Jahrbuch 2000 dokumentiert.

2002 äußerte sich die EKD noch einmal: Der Text trug den sperrigen Titel »Theologische, staatskirchenrechtliche und dienstrechtliche Aspekte zum kirchlichen Umgang mit den rechtlichen Folgen der Eintragung gleichgeschlechtlicher Lebenspartnerschaften nach dem Lebenspartnerschaftsgesetz«. Nun spannte sich ein argumentativer Bogen von der »Orientierungshilfe« von 1996 über die Stellungnahme von 2000 zur aktuellen Äußerung von 2002. Der Tenor blieb der gleiche: Rechtliche Verbesserungen für homosexuelle Paare: ja, Angleichung an die Ehe: nein. Das betraf nun auch ausdrücklich die Frage nach Segnung oder Trauung solcher Paare. Inzwischen aber hatten ja einige Landeskirchen schon begonnen, homosexuellen Paaren nicht nur liturgische Formen minderen Ranges anzubieten, sondern Segnungen im Gottesdienst zu vollziehen. Die Kirchenkonferenz der EKD, ein Gremium, das von den evangelischen Landeskirchen beschickt wurde, hatte 2001 den Rat der EKD gebeten, für die Einheitlichkeit kirchlichen Handelns Sorge zu tragen, diese Einheitlichkeit war aber bereits untergraben worden.

Einen eigenen Stellenwert hatten in der EKD-Äußerung von 2002 die dienstrechtlichen Aspekte. Auch hier aber blieb es bei der Linie von »Mit Spannungen leben«: Es sollte im Einzelfall geprüft werden, ob ein Zusammenleben im Pfarrhaus möglich war. Homosexuelle Pfarrerinnen und Pfarrer schienen in ihrer Amts- und Lebensführung stets gefährdet oder auch gefährdend zu sein. Vorbehalte von Eltern, die Autorität der Bibel und die Leitbildfunktion von Ehe und Familie sollten von ihnen berücksichtigt werden, vor allem sollten sie nicht das eigene Sexualleben zum Thema der Verkündigung machen, und natürlich spielte auch das Pfarrhaus eine Rolle: »Von wesentlicher Bedeutung ist die Frage, welche ethisch, kulturell und sozialprägende Wirkung dem Pfarrhaus im Einzelfall zukommt.« Wie sich das nun aber messen lassen sollte, blieb offen.

Als das Gesetz 2001 in Kraft trat, konzentrierten sich die innerkirchlichen Debatten aber vor allem auf die Frage der gottesdienstlichen Segnung, und die sich in vielen Landeskirchen liberalisierende Praxis, die Segnung im Gottesdienst zu vollziehen und mit einer Trauung verwechselbar zu machen, war unübersehbar, auch wenn sie kirchenamtlich abgelehnt wurde. Das brachte die EKD unter Zugzwang. Sie setzte zur Klärung einen »Ad-hoc-Ausschuss« ein, der empfahl, die Segnung im Rahmen einer Andacht durchzuführen. Das war tendenziell mehr, als »Mit Spannungen leben« erlaubt hatte, es markierte aber immer noch einen Unterschied zum Traugottesdienst. Von außen gesehen war das »mehr« aber schon zu viel: Der Bericht dieses Ausschusses wurde dem evangelikalen Nachrichtendienst idea zugespielt, der ihn in skandalisierender Weise unter dem Titel »Andacht zum Start in die ›Homo-Ehe‹« veröffentlichte (der Text wurde im Kirchlichen Jahrbuch 2002 dokumentiert). Der Bericht erschien mit einem Kommentar, der zwar hämisch, aber durchaus nachvollziehbar die Frage stellte, wie denn der Unterschied zwischen einer Andacht und einem Gottesdienst zur Darstellung gebracht werden sollte. Typisch für Kritik aus diesen Reihen war wieder einmal das Dammbruchargument: »Hier wird die Homosexualisierung unserer Gesellschaft liturgisch sanktioniert.«

In diese Zeit gehört auch eine ethische Positionierung, die ausgerechnet in der 2001 erschienenen 8. Auflage des Evangelischen Soziallexikons zu finden war. Den Artikel »Homosexualität« hatte Bernd Wannenwetsch verfasst, ein der evangelikalen Szene zuzuordnender Theologe. Er diagnostizierte »eine Tendenz zur Permissivität« in westlichen Gesellschaften und machte die Annahme einer unveränderlichen konstitutionellen Homosexualität als »harten Kern aller Forderungen nach Anerkennung dieser Lebensform und auch der entsprechenden Schriftinterpretation« aus. Auch wenn Wannenwetsch die Bandbreite der Positionen andeutete, war seine eigene doch deutlich erkennbar: Eine »Veränderung der sexuellen Antriebe« war möglich. Im Grunde genommen war Wannenwetschs Beitrag aber eine überholte Sonderposition, die er in Verbindung mit einer biologistischen Zuschreibung von Geschlechterrollen in evangelikalen Milieus verbreitete. Für Homosexualität war bei der Annahme einer gott- oder naturgegebenen Polarität der Geschlechter kein Raum mehr. In der neunte Auflage des Evangelischen Soziallexikons, die 2016 herauskam, knüpfte man letztlich wieder an die siebte Auflage an, jedenfalls tat dies der Autor des Artikels »Homosexualität«, der Sozialethiker Gerhard Schreiber: »Homosexualität ist eine Variante sexuellen Erlebens und Verhaltens [...]. Diese konstitutionelle Homosexualität als Merkmal der sexuellen Identität ist weder selbstgewählter Lebensstil noch sozial bedingt und veränderbar.«

Als die »Ehe für alle« 2017 Gesetz wurde, wiederholten sich zwar die Debatten noch einmal, was die Exklusivität der heterosexuellen Ehe anging, die Kirche konnte aber auch hier nur noch kommentieren. Die Zeiten waren längst vorbei, in denen der Gesetzgeber wie bei der Großen Strafrechtsreform der 1970er Jahre die Kirche wenigstens hören wollte.

XVIII. Auf der Höhe der Zeit – und doch ernüchtert

Der gesellschaftliche Wandel ist nicht zuletzt ein Wandel im privaten Leben gewesen: Beziehungsformen haben sich verändert, Begriffe wie Ehe und Familie sind neu interpretiert worden, über Sexualität konnte überhaupt offen gesprochen werden, die Geschlechterrollen haben sich stark verändert. Im Kontext von Kirche und Theologie ist dies oft mit Staunen und Abwehr gesehen worden oder mit einer Haltung, die wenigstens eine Verzögerung des Wandels anstrebte - oder auch mit einer großen Akzeptanz dieses Wandels. Das Pfarrhaus ist dabei oft ein symbolischer Ort gewesen, der sich angesichts steigender Scheidungsraten, der Berufstätigkeit von Pfarrfrauen, dem Einzug von Pfarrerinnen, der Forderung nach einem Zusammenleben ohne Trauschein oder dem Ruf nach seiner Öffnung für gleichgeschlechtliche Paare veränderte. Die scheinbar selbstverständliche Asymmetrie des tätigen Mannes und der dem Haus und den Kindern verpflichteten Frau funktionierte nicht mehr und ließ sich eben auch nicht auf gleichgeschlechtliche Paare übertragen: Partnerschaft und Gleichberechtigung wurden wichtige Stichworte (oder wenigstens Forderungen). Dabei schwand auch die Illusion, das Pfarrhaus könne in irgendeiner Weise eine formierende Wirkung auf die Gemeinde ausüben. Viel eher stellte sich die Frage, ob nicht Diversität im Pfarrhaus auch Menschen mit »anderen« Lebensentwürfen ermutigen könnte, sich weiterhin als Gemeindeglieder und Christen zu verstehen.

Offiziell hat die evangelische Kirche lange an der Vorstellung festgehalten, dem gesellschaftlichen Wandel müsse wenigstens verlangsamend entgegengetreten werden. Die Angst vor einem Zerfall der Gesellschaft hat dabei immer wieder eine Rolle gespielt. Das Leitbild der Familie als Keimzelle der Gesellschaft war ein Ideal, das selbstverständlich schien - allerdings veränderte sich eben diese Familie immer stärker, bis hin zu den heutigen vielfältigen Familienformen. Schon in den 1950er Jahren war man sich in der EKD nicht einig, wie man sich zu der vom Grundgesetz vorgegebenen Gleichberechtigung von Mann und Frau verhalten sollte, die erst 1958 auf dem Gesetzgebungswege durchgesetzt werden konnte. Zwar wollte man das Letztentscheidungsrecht des Mannes auf die Kindererziehung beschränkt sehen (also nicht mehr auf die Ehefrau ausdehnen), womit man auch konservativen Kreisen entgegenkam, doch war diese Beschränkung auch typisch für den Zugang zum Thema Ehe, Familie, Partnerschaft und Sexualität. Freilich ist bei kirchlichen Verlautbarungen, zumal solchen der EKD, immer zu berücksichtigen, dass es sich um Kompromisstexte handelt, die wenigstens einen Teil der konservativen Kritik von vornherein besänftigen sollen.

Dies ist auch der Grund dafür, dass es seit 1971 zu keiner neuen Denkschrift der EKD zur Sexualethik gekommen ist. Ein Versuch wurde 2010 durch den Rat der EKD auf den Weg gebracht, dieser Versuch aber scheiterte und wurde 2014 eingestellt. Unterdessen hatte die EKD 2013 mit ihrem »Familienpapier« Furore gemacht. Diese »Orientierungshilfe« »Zwischen Autonomie und Angewiesenheit - Familie als verlässliche Gemeinschaft stärken« hatte ein verlässliches, liebevolles und verantwortliches Miteinander zum Maßstab von Beziehungen gemacht und dabei homosexuelle und heterosexuelle Beziehungen als gleichwertig erachtet. Homosexuelle Paare sollten den Willen zu einer solchen Beziehung durch das Eingehen einer eingetragenen Lebenspartnerschaft dokumentieren. Die Reaktionen von evangelikaler Seite waren vorhersehbar gewesen: Das Aufgeben der Exklusivität der heterosexuellen Ehe wurde als Anpassung an den Zeitgeist oder als Abwertung von Ehe und Familie gebrandmarkt. Die Kritik reichte weit in die Kreise von CDU und CSU hinein.

Was von den Plänen für eine neue Denkschrift zur Sexualethik blieb, war ein von dem Erlanger Ethiker Peter Dabrock verantworteter Band mit dem Titel: »Unverschämt - schön. Sexualethik: evangelisch und lebensnah«, der 2015 veröffentlicht wurde. Homosexualität bildet hier keine eigene Kategorie, da die »Breite der Thematik« dargestellt werden und thematische Verengungen dieser Art aufgebrochen werden sollten. Homosexualität war also ganz selbstverständlich ein Teil der Sexualität überhaupt. Die Ablehnung der Homosexualität in der Bibel wurde nicht verschwiegen, aber gedeutet, und bereits in kirchlichen Verlautbarungen erprobte Maßstäbe wie Partnerschaftlichkeit und Verbindlichkeit, dann aber auch die Fürsorge für Kinder wurden auf heterosexuelle wie homosexuelle Beziehungen angewendet. »Fragwürdige Formen« der Sexualität sind jetzt nur noch Pornographie und Cybersex, Sadomasochismus und Prostitution. Der Sadomasochismus hat hier ungefähr den Stellenwert in der Bedenkenträgerei übernommen, den früher die Homosexualität hatte: Eigentlich ist das in Ordnung, aber es könnte ja wehtun.

Was nun im Familienpapier von 2013 »verlässliches, liebevolles und verantwortliches Miteinander« hieß, hieß »Verbindlichkeit, Verlässlichkeit und Verantwortlichkeit« im neuen Pfarrdienstgesetz der EKD, das Anfang 2011 in Kraft trat: Diese

Maßstäbe sollten für heterosexuelle wie für homosexuelle Paare im Pfarrhaus gelten. Die private Lebensführung, der ja traditionell Zeugnischarakter für das Evangelium zukam, war nun nicht mehr auf das beschränkt, was man bisher unter Ehe und Familie verstand. Der Ehe (und das konnte zu dieser Zeit nur eine heterosexuelle sein) wurde nach wie vor eine besondere Stellung zugemessen (der Begriff »Leitbild« war freilich aus dem ursprünglichen Gesetzesentwurf gestrichen worden). Allerdings enthielt der entsprechende Paragraf (§ 39) auch den Begriff des »familiären Zusammenlebens«, der so zu verstehen war, dass auch andere Lebensformen im Pfarrhaus möglich waren. Der kirchliche Gesetzgeber hatte hier viele Möglichkeiten offengelassen, auch »jede Form des rechtsverbindlich geordneten Zusammenlebens von mindestens zwei Menschen, das [...] den [...] inhaltlichen Anforderungen Verbindlichkeit, Verlässlichkeit und gegenseitige Verantwortung genügt«. Die konkrete Ausgestaltung wurde den einzelnen Landeskirchen überlassen, die hier schon unterschiedlich weit gegangen waren, was die Zulassung oder Duldung von homosexuellen Paaren im Pfarrhaus zuließ. In der Praxis wurde oft nach dem Maßstab der Einzelfallprüfung verfahren, wie es die »Orientierungshilfe« »Mit Spannungen leben« von 1996 vorgab.

Von evangelikaler Seite aus wurde diese Regelung scharf kritisiert. Ablehnend äußerten sich auch acht evangelische Altbischöfe unter der Führung des ehemaligen Lübecker Bischofs Ulrich Wilckens, der sich ja schon einmal zu Wort gemeldet hatte. Die anderen sieben waren die ehemaligen württembergischen Bischöfe Gerhard Maier und Theo Sorg, Eduard Berger aus der Pommerschen Kirche, der Thüringer Werner Leich, der Braunschweiger Gerhard Müller und Heinrich Hermanns sowie Jürgen Johannesdotter aus der Kirche von Schaumburg-Lippe. Sie wollten die Ratifizierung des Gesetzes in den Landessynoden verhindern, was ihnen freilich nicht gelang. Ein Hauptanhaltspunkt ihrer Kritik war der unklare Wortlaut des § 39. Im Laufe der Diskussionen darum war die Klarstellung, hier gehe es ausdrücklich auch um gleichgeschlechtliche Paare, aus dem Text herausgenommen worden. Die im Gesetz stehende Regelung war eigentlich nur zu verstehen, wenn man die Begründung hinzunahm. Aus der Sicht der Bischöfe konnte sich das »familiäre Zusammenleben« im Gesetzestext nur auf das Zusammenleben in (heterosexueller) Ehe und Familie beziehen. Zu dieser kirchenrechtlichen Anfrage gesellte sich dann die Berufung auf die Heilige Schrift als Grundnorm, die nun die Landessynoden dazu bewegen sollte, den Wortlaut des Gesetzes zuzuspitzen und gleichgeschlechtlichen Paaren das Pfarrhaus unzugänglich zu machen. Ansonsten würde eine Landeskirche nach der anderen »eine Angleichung an die in der Gesellschaft üblichen Lebensformen« beschließen. Ihr Ziel erreichten die Bischöfe nicht. In vielen Landeskirchen musste aber erst einmal geklärt werden, wie die neue Regelung umgesetzt werden sollte.

XIX. Epilog

Kirche und Theologie sind in den Debatten um die Homosexualität in eine Sackgasse geraten, die sie auf ihr binnenkirchliches Bezugsfeld zurückgeworfen hat. Am Ende ging es nur noch um die Frage der Segnung oder Trauung homosexueller Paare und um die Frage, ob schwule oder lesbische Pfarrer oder Pfarrerinnen im Pfarrhaus zusammenleben dürfen. Alle Versuche, die gesellschaftliche, politische und nicht zuletzt rechtliche Entwicklung aufzuhalten, sind gescheitert. Evangelikale Strömungen haben sich zwar gerade daran profilieren können, aber auf die Gestaltung des individuellen Lebens der Menschen außerhalb ihrer eigenen Milieus haben auch sie keinen Einfluss mehr.

Um das Jahr 1970 war häufig der Satz zu hören, der Staat habe in den Schlafzimmern seiner Bürger nichts zu suchen. Das, so könnte man sagen, sollte für die Kirche auch gelten.

Quellen und Literatur

In dieses Buch ist ein Beitrag über die Gründung der HuK eingegangen, den ich bereits in dem von Michael Brinkschröder u. a. herausgegebenen Sammelband »Aufgehende Saat« (s. u.) veröffentlicht habe. Ein anderer, bereits veröffentlichter und hier weitgehend übernommener Beitrag von mir findet sich in dem von Claudia Lepp u. a. herausgegebenen Tagungsband »Religion und Lebensführung im Umbruch der langen 1960er Jahre« (s. u.). Meinem Doktoranden Markus Löffler (er hat sich für seine Dissertation einem anderen Thema zugewandt) danke ich für die Freigabe seiner mit zwei Preisen ausgezeichneten Examensarbeit »Das Thema ›Homosexualität‹ in der Evangelisch-Lutherischen Landeskirche Sachsens in den 1980er Jahren«.

Gedruckte Quellen in Auswahl (KJ = Kirchliches Jahrbuch)

Denkschrift zu Fragen der Sexualethik. Erarbeitet von einer Kommission der Evangelischen Kirche in Deutschland, Gütersloh 1971

Dieckhoff, Albrecht / Knop, Karl / Kaufmann, Hannes (Hg.): Wer wirft den ersten Stein? Bericht zum Interim Report der Anglikanischen Hochkirche, dem Griffin Report der englischen Katholiken und dem Wolfenden Report des Britischen Regierungsausschusses für die deutschsprachigen Protestanten, veranlaßt durch den Vorsitzenden des Hamburger Protestantenvereins und benannt Der Protestanten-Bericht, Schmiden bei Stuttgart 1961

Die Ehe als Leitbild christlicher Orientierung (Texte aus der

VELKD Nr. 75/1997, S. 55–57) = KJ 124 (1997), S. 3–37 (zusammen mit anderen Materialien).

Evangelische Kirche im Rheinland. Landessynode 1992: Homosexuelle Liebe. Arbeitspapier für rheinische Gemeinden und Kirchenkreise

Evangelische Kirche im Rheinland: »... und hätte die Liebe nicht«. Texte vom Mülheimer Symposion zum rheinischen Diskussionspapier »Sexualität und Lebensformen sowie Trauung und Segnung«, Düsseldorf 1997

Gedanken und Massstäbe zum Dienst von Homophilen in der Kirche – Eine Orientierungshilfe (Texte aus der VELKD), Hannover 1980 (auch in: Kentler, Die Menschlichkeit der Sexualität [s. u.: Literatur], S. 62–75)

Handreichung für Theologen zur Diskussion über den Film »Das Schweigen«, in: KJ 91 (1964), S. 108–111

Handreichung des Diakonischen Werkes Westfalen von 1985, in: KJ 112 (1985), S. 391 f.

Homosexuelle in der Kirche? Ein Text der Theologischen Studienabteilung beim Bund der Evangelischen Kirchen in der DDR (Hg.: Aktion Sühnezeichen/Friedensdienste), Berlin (West) 1985

HuK-Info: s. u.

Kirche und Sexualstrafrecht. Stellungnahmen des Öffentlichkeitsausschusses der Evangelischen Kirche im Rheinland, Stuttgart 1970

Der Liebe Formen suchen. Eine Vortragsreihe zum Diskussionspapier »Sexualität und Lebensformen« sowie »Trauung und Segnung« der Evangelischen Kirche im Rheinland, Waltrop 1997

Schwule, Lesben ... Kirche. Homosexualität und kirchliches Handeln. Texte aus Kirche und Wissenschaft, Frankfurt a. M. 1996

Sonderausschuss für die Themen »Ehe, Partnerschaft, Homosexualität« der Hannoverschen Landeskirche, in: KJ 112 (1985), S. 382–386

Mit Spannungen leben: eine Orientierungshilfe des Rates der Evangelischen Kirche in Deutschland zum Thema »Homosexualität und Kirche«, Hannover 1996

Der Stand der Strafrechtsreform, in: KJ 89 (1962), S. 111 f.

Stellungnahme der Landessynode zu Fragen der Homosexualität, in: Nachrichten der Evang.-Luth. Kirche in Bayern, Dezember 1993, S. 444–446

Urteilsbegründung zur Entlassung von Klaus Brinker: Neue Juristische Wochenschrift 1983, Heft 45, S. 2606–2608

Verhandlungen der 40. ordentlichen Rheinischen Landessynode. Tagung vom 5. bis 11. Januar 1992 in Bad Neuenahr

Verhandlungen der 44. ordentlichen Rheinischen Landessynode. Tagung vom 8. bis 12. Januar 1995 in Bad Neuenahr

Verhandlungen der 45. ordentlichen Rheinischen Landessynode. Tagung vom 7. bis 11. Januar 1996 in Bad Neuenahr

Verhandlungen der 48. ordentlichen rheinischen Landessynode. Tagung vom 7. bis 13. Januar 1999 in Bad Neuenahr

Verhandlungen der 49. ordentlichen rheinischen Landessynode. Tagung vom 9. bis 14. Januar 2000 in Bad Neuenahr

Vorläufige Stellungnahme des Theologischen Ausschusses der VELKD zum Problem der Homosexualität von Pfarrern, in: Kentler, Die Menschlichkeit der Sexualität [s. u.: Literatur], S. 76–79

HuK-Info (ausgewählte Artikel)

Heinz Brink an die Leitung des Deutschen Evangelischen Kirchentages, 24. April 1978 (Nr. 8, 20. März 1978)

Flugblatt »Kurzinformation über die Arbeitsgruppe ›Homosexuelle und Kirche‹« (Beilage zu frühen HuK-Infos, z. B. Nr. 10 [ohne Datum])

Heinz Brink an Helmut Gollwitzer, 2. Mai 1978 (Nr. 10, ohne Datum)

Schreiben der Regionalgruppe Tübingen (Gerhard Jockers) an Pfarrer Jantzen, 31. August 1978; Antwort von Jantzen, 10. Oktober 1978 (Nr. 13, ohne Datum)

Die Kirchentagsleitung (Harald Uhl) an die Arbeitsgruppe »Homosexuelle und Kirche« (Heinz Brink), 30. Oktober 1978; Antwort von Brink, 23. Juli 1978 (Nr. 10, ohne Datum)

Heinz Brink an Bischof Johannes Hanselmann, 10. August 1978 (Nr. 11, ohne Datum)

Heinz Brink an OKR Hermann Greifenstein, 21. Oktober 1978 (Nr. 11, ohne Datum)

Schreiben der HUK-Coburg an Heinz Brink, 16. April 1981, und Antwort von Brink, ohne Datum (Nr. 28/29, Mai–August 1981)

Helmut Gollwitzer: Zur Entlassung von Pastor Klaus Brinker aus dem kirchlichen Dienst (Nr. 28/29, Mai–August 1981)

Bericht über den Kirchentag in Hamburg 1981 (Nr. 28/29, Mai–August 1981)

Konferenz Bekennender Gemeinschaften in den evangelischen Kirchen Deutschlands: Biblische Seelsorge an Homosexuellen (Nr. 28/29, Mai–August 1981)

Presseerklärung der HuK auf dem Kirchentag in Hamburg (Nr. 31, November/Dezember 1981)

Wie geht es weiter mit der HuK? Ein Denkanstoß! (Nr. 31, November/Dezember 1981)

Dokumentation der Diskussion um »Evangelikal und homosexuell« (Nr. 68, Januar/Februar 1988)
Kleine Geschichte der HuK (Nr. 100, Mai/Juni 1993)

Internet-Quellen (in Auswahl):

Viele Materialien und Diskussionsprozesse sind inzwischen im Internet zu finden. Sie sind hier nicht allesamt nachgewiesen.

Abschlussbericht der Arbeitsgruppe der [sächsischen] Kirchenleitung »Homosexualitat in biblischem Verstandnis« (https://engagiert.evlks.de/fileadmin/userfiles/EVLKS_engagiert/B._Landeskirche/Landessynode/PDF/Abschlussbericht_komplett.pdf)
AIDS - Orientierung und Wege in der Gefahr (https://www.ekd.de/ekdtext_24.htm)
Arbeitspapier »Homosexuelle Liebe« der Rheinischen Kirche von 1992 (https://www.ekir.de/www/downloads/ekir1992homosexuelle_liebe_arbeitspapier.pdf)
Beschluss der Rheinischen Landessynode zu »Sexualität und Lebensformen« sowie »Trauung und Segnung« von 1999 (https://www.ekir.de/www/downloads/ekir1999LS-B46.pdf)
Diskussionspapier fur die Gemeinden und Kirchenkreise der Evangelischen Kirche im Rheinland »Sexualitat und Lebensformen« sowie »Trauung und Segnung« von 1996 (https://www.ekir.de/www/downloads/EKiR_SuLTuS.pdf)
In der Rheinischen Landeskirche ist seit 2000 die Segnung eines gleichgeschlechtlichen Paares möglich (https://www.kirche-koeln.de/in-der-rheinischen-landeskirche-ist-seit-2000-die-segnung-eines-gleichgeschlechtlichen-paares-moeglich/)
Lernen aus der Geschichte: Sonntags im Club (http://lernen-aus-

der-geschichte.de/Lernen-und-Lehren/content/11666) (zum Thema Homosexualität in der DDR)

Orientierungshilfe »Mit Spannungen leben« (https://www.ekd.de/spannungen_1996_homo.html)

Christian Pulz: Lieber ein Warmer Bruder als ein Kalter Krieger (http://www.horch-und-guck.info/hug/archiv/2004-2007/heft-57/05712-pulz/)

Schwule und Lesben in der DDR und der Umgang des SED-Staates mit Homosexualität (http://www.bpb.de/geschichte/zeitgeschichte/deutschlandarchiv/265466/schwule-und-lesben-in-der-ddr#footnode32-32)

Theologische, staatskirchenrechtliche und dienstrechtliche Aspekte zum kirchlichen Umgang mit den rechtlichen Folgen der Eintragung gleichgeschlechtlicher Lebenspartnerschaften nach dem Lebenspartnerschaftsgesetz (https://www.ekd.de/empfehlungen_gleichgeschlechtliche_partnerschaften_2002.html)

Verlässlichkeit und Verantwortung stärken. Eine Stellungnahme des Kirchenamtes der EKD zur Verbesserung des Rechtsschutzes für gleichgeschlechtliche Lebenspartnerschaften und zur besonderen Bedeutung und Stellung der Ehe, 2000 (https://www.ekd.de/lebensgemeinschaft_2000.html)

Wolfenden-Report (https://www.bl.uk/collection-items/wolfenden-report-conclusion); Auszüge in: Derrick Sherwin Bailey: Sexual Offenders and Social Punishment, London 1956, Appendix III (S. 102–111)

Literatur

AUST, Markus / GENSICHEN, Hans-Christoph / HOFFMANN, Thomas Sören (Hg.): Christlicher Glaube und Homosexualität. Argumente aus Bibel, Theologie und Seelsorge, Neuhausen/Stuttgart 1994

BAILEY, Derrick Sherwin: Art. Homosexualität, in: RGG, 2. Auflage, Band 3, Tübingen 1959, Sp. 441–444

BARTH, Karl: Kirchliche Dogmatik III,4, Zürich 1969, § 54

BARZ, Monika / LEISTNER, Herta / WILD, Ute: Lesbische Frauen in der Kirche, 2. Aufl. Stuttgart 1993 (1. Aufl. Zürich 1987 unter dem Titel »Hättest Du gedacht, daß wir so viele sind? Lesbische Frauen in der Kirche«)

BAUER, Gisa: Gemeinsam gegeneinander mit dem Rücken an der Wand. gender turn – eine Geschichte, in: Christian Schmelzer (Hg.): Gender Turn. Gesellschaft jenseits der Geschlechternorm, Bielefeld 2013, S. 35–80

BLEIBTREU-EHRENBERG, Gisela: Homosexualität. Die Geschichte eines Vorurteils, Frankfurt a. M. 1981 (erste Auflage 1978 unter dem Titel »Tabu Homosexualität. Die Geschichte eines Vorurteils«)

BOVET, Theodor: Sinnerfülltes Anders-Sein. Seelsorgerliche Gespräche mit Homophilen, Tübingen 1959

BRINKSCHRÖDER, Michael / HORATZ, Herbert / KAERN-BIEDERSTEDT, Franz / WÖRNER, Michael (Hg.): Aufgehende Saat. 40 Jahre Ökumenische Arbeitsgruppe Homosexuelle und Kirche, Stuttgart 2017

BRÜHL, Olaf: Sozialistisch und schwul. Eine subjektive Chronologie, in: Wolfram Setz (Hg.): Homosexualität in der DDR. Materialien und Meinungen, Hamburg 2006

BRUNS, Manfred: Selbstbewußt schwul in der Kirche?, in: Udo

Rauchfleisch (Hg.): Homosexuelle Männer in Kirche und Gesellschaft, Düsseldorf 1993, S. 109–132

Clement, Ulrich: Sexualität im sozialen Wandel. Eine empirische Vergleichsstudie an Studenten 1966 und 1981, Stuttgart 1986

Dabrock, Peter / Augstein, Renate / Helfferich, Cornelia / Schardien, Stefanie / Sielert, Uwe: Unverschämt – schön. Sexualethik: evangelisch und lebensnah, Gütersloh 2015

Dannecker, Martin / Reiche, Reimut: Der gewöhnliche Homosexuelle. Eine soziologische Untersuchung über männliche Homosexuelle in der Bundesrepublik, Frankfurt a. M. 1974

Dönitz, Lothar: 31 Jahre Schwulen-Urania in (Ost-)Berlin? Zur Geschichte des Gesprächskreises Homosexualität der Ev. Advent-Zachäus-Kirchengemeinde Berlin Prenzlauer Berg, in: Rainer Marbach / Volker Weiß (Hg.): Konformitäten und Konfrontationen. Homosexuelle in der DDR, Hamburg 2017, S. 109–141

Ebner, Katharina: Religiöse Argumente in rechtspolitischen Debatten des Deutschen Bundestags an den Beispielen Schwangerschaftsabbruch und Homosexualität; in: Lepp u. a., Religion und Lebensführung, S. 315–333

Eibach, Ulrich: Kirchliche Handlungen für von der Ehe abweichende Lebensformen?; Ethische Dilemmata der Segnung homosexueller Partnerschaften, in: idea Dokumentation 14/98 (November 1998), Nr. 6 und 7

Eibach, Ulrich: Liebe, Glück und Partnerschaft. Sexualität und Familie im Wertewandel, Wuppertal 1996

Eibach, Ulrich: Lebensformen der Geschlechter und der Wertewandel, in: Theologische Beiträge 28 (1997), S. 318–342

Engel, Herbert: Kirchliche Stellungnahmen von 1968 bis 1992, in: Barbara Kittelberger / Wolfgang Schürger / Wolfgang Heilig-

Achneck: Was auf dem Spiel steht. Diskussionsbeiträge zu Homosexualität und Kirche, München 1993, S. 86–94

Fischer, Jochen: Die Diskussion der §§ 216 und 217 des Entwurfs zur Strafrechtsreform, in: Wege zum Menschen 17 (1965), S. 21–31

Fischer, Jochen: Die Entwicklung der evangelischen Beratung, in: KJ 93 (1966), S. 299–302

Fitschen, Klaus: Die Anfänge der HuK, in: Brinkschröder u. a., Aufgehende Saat, S. 14–23

Fitschen, Klaus: Homosexualität und evangelische Kirche in den 1960er Jahren, in: Lepp u. a., Religion und Lebensführung, S. 335–345

Freund, Kurt: Homosexualität beim Mann, Leipzig 1963 (2. Aufl. 1965)

Gaupp, Robert Eugen: Art. Homosexualität, in: RGG, 2. Aufl., Bd. 2, Tübingen 1928, Sp. 2006–2009

Giese, Hans / Schmidt, Gunter: Studenten-Sexualität. Verhalten und Einstellung. Eine Umfrage an 12 westdeutschen Universitäten, Reinbek 1968

Grau, Günter (Hg.): Und diese Liebe auch. Theologische und sexualwissenschaftliche Einsichten zur Homosexualität, Berlin 1989

Grau, Günter: Lesben und Schwule – was nun? Chronik – Dokumente – Analysen – Interviews, Berlin 1990

Groeger, Guido: Beratungsmotive und Konfliktelemente in der Eheberatung, in: Zeitschrift für Evangelische Ethik 2 (1958), S. 47–49

Groeger, Guido: Art. Homosexualität, in: Evangelisches Soziallexikon, 4. Aufl. Stuttgart 1963, Sp. 569 f.

Haspel, Michael: Homophober Biblizismus. Vom sola scriptura zum tota scriptura bei der ethischen Urteilsbildung in Bezug auf sexuelle Orientierung und gleichgeschlechtliche Lebensgemeinschaften, in: Siegfried Keil / Michael Haspel: Gleichgeschlechtliche Lebensgemeinschaften, S. 123–149

Heineman, Elizabeth: Before porn was legal. The erotica empire of Beate Uhse, Chicago 2011

Herzog, Dagmar: Die Politisierung der Lust. Sexualität in der deutschen Geschichte des zwanzigsten Jahrhunderts, München 2005

Heusel, Hans Martin: Es fehlt immer noch an letzter Gewißheit. Über den Umgang mit Homosexuellen in der Kirche, in: Lutherische Monatshefte 24 (1985), S. 396–398

Hirschler, Horst: Homosexualität und Pfarrerberuf, Hannover 1985

Jäkel, Hans Georg: Ins Ghetto gedrängt. Homosexuelle berichten, Hamburg 1978

Kaern-Biederstedt, Franz: ›Erste Male‹, ›Lebensstadien‹ und ›Themenwechsel‹. Die HuK auf den Deutschen Evangelischen Kirchentagen, in: Brinkschröder u. a., Aufgehende Saat, S. 33–45

Kaern-Biederstedt, Franz: Zwischen charismatischer Frömmigkeit und Konversionstherapien für Homosexuelle. Die HuK und evangelikale Glaubensströmungen, in: Brinkschröder u. a., Aufgehende Saat, S. 155–165

Keil, Siegfried: Art. Homosexualität I. Medizinisch, soziologisch, in: Evangelisches Soziallexikon, 7. Aufl. Stuttgart 1980, Sp. 586 f.

Keil, Siegfried: Familien- und Partnerschaftsbilder im Wandel. Die Entwicklung sozialethischer Positionen zum familialen Status gleichgeschlechtlicher Partnerschaften, in: Siegfried Keil / Michael Haspel: Gleichgeschlechtliche Lebensgemeinschaften in sozialethischer Perspektive. Beiträge zur rechtlichen Regelung pluraler Lebensformen, Neukirchen 2000, S. 7–28

Kentler, Helmut (Hg.): Die Menschlichkeit der Sexualität. Berichte – Analysen – Kommentare ausgelöst durch die Frage: Wie homosexuell dürfen Pfarrer sein?, München 1983

Klimmer, Rudolf: Homosexualität als biologisch-soziologische Zeitfrage, 3. Aufl. Hamburg 1965

Köberle, Adolf: Deutung und Bewertung der Homosexualität im Gespräch der Gegenwart in: Zeitschrift für Evangelische Ethik 6 (1962), S. 141–149

Kress, Hartmut, Art. Homosexualität III. Ethisch, in: RGG, 4. Aufl., Band 3, Tübingen 2000, Sp. 1884–1887

Kuller, Christiane: Einführung: Krisendebatten um Ehe und Familie in den 1960er Jahren, in: Lepp u. a., Religion und Lebensführung, S. 205–211

Lautmann, Rüdiger (Hg.): Homosexualität. Handbuch der Theorie- und Forschungsgeschichte, Frankfurt / New York 1993

Lautmann, Rüdiger: Seminar: Gesellschaft und Homosexualität, Frankfurt a. M. 1977 (2. Aufl. 1984)

Lepp, Claudia / Oelke, Harry / Pollack, Detlef (Hg.): Religion und Lebensführung im Umbruch der langen 1960er Jahre, Göttingen 2016

Lepp, Claudia: Die Kirchen als sexualmoralische Anstalt? Fremdwahrnehmung und Selbstverständnis zwischen Verbotsethik und Beratung, in: Lepp u. a., Religion und Lebensführung, S. 287–313

Lesben und Schwule in der DDR. Tagungsdokumentation, Halle (Saale) 2008

Leser, Olaf: Homosexuelle in der DDR. Versuch eines historischen Überblicks, in: Jean Jacques Soukup (Hg.): Die DDR. Die

Schwulen. Der Aufbruch. Versuch einer Bestandsaufnahme, Göttingen 1990, S. 39–45
LIEBE. MACHT. LEIDENSCHAFT. BLIND & SEHEND. FACHTAGUNG ZUM 50-JÄHRIGEN JUBILÄUM DES EVANGELISCHEN ZENTRALINSTITUTS FÜR FAMILIENBERATUNG, in: EZI Korrespondenz Heft 27 Herbst 2014

MEURER, Siegfried: Art. Homosexualität II. Theologisch-ethisch, in: Evangelisches Soziallexikon, 7. Aufl. Stuttgart 1980, Sp. 587 f.
MEURER, Siegfried: Das Problem der Homosexualität in theologischer Sicht, in: Zeitschrift für Evangelische Ethik 18 (1974), S. 38–48

PAULICH, Peter: Homosexualität – Probleme der Beratung und Seelsorge. Überlegungen zu Inhalt und Zugangsweise einer Fachtagung, in: Probleme der Homosexualität. Überlegungen zu Beratung und Seelsorge, Tutzinger Studien 2/1977
PLÖTZ, Kirsten: »Echte« Frauenleben? »Lesbierinnen« im Spiegel öffentlicher Äußerungen in den Anfängen der Bundesrepublik, in: Invertito. Jahrbuch zur Geschichte der Homosexualitäten 1 (1999), S. 47–69

RENDTORFF, Trutz: Zwischen Schuld und Freiheit. Theologische Implikationen der Strafrechtsreform, in: Lutherische Monatshefte 10 (1971), S. 636–641
RIECHERS, Burkhardt: Freundschaft und Anständigkeit, in: Invertito. Jahrbuch für die Geschichte der Homosexualitäten 1 (1999), S. 12–46
RINGELING, Hermann: Christliche Ethik im Dialog. Beiträge zur Fundamental- und Lebensethik II, Freiburg/Schweiz 1991

Schnabl, Siegfried: Mann und Frau intim. Fragen des gesunden und des gestörten Geschlechtslebens, 1. Aufl. 1969

Schreiber, Gerhard: Art. Homosexualität, in: Evangelisches Soziallexikon, 9. Aufl., Stuttgart 2016, Sp. 682 f.

Sigusch, Volkmar / Grau, Günter (Hg.): Personenlexikon der Sexualforschung, Frankfurt a. M. / New York 2009

Sillge, Ursula: Un-sichtbare Frauen. Lesben und ihre Emanzipation in der DDR, Berlin 1991

Sommer, Bertha: Das Evangelische Zentralinstitut für Familienberatung in Berlin, in: KJ 92 (1965), S. 263–266

Spilling-Nöker, Christa: Wir lassen Dich nicht, Du segnest uns denn. Zur Diskussion um Segnung und Zusammenleben gleichgeschlechtlicher Paare im Pfarrhaus, Berlin 2006

Starke, Kurt: Schwuler Osten. Homosexuelle Männer in der DDR, Berlin 1994

Steinbacher, Sybille: Wie der Sex nach Deutschland kam. Der Kampf um Sittlichkeit und Anstand in der frühen Bundesrepublik, München 2011

Steinhäuser, Martin: Art. Homosexualität IV. Praktisch-Theologisch, in: RGG, 4. Aufl., Band 3, Tübingen 2000, Sp. 1887–1889

Steinhäuser, Martin: Homosexualität als Schöpfungserfahrung. Ein Beitrag zur theologischen Urteilsbegründung, Stuttgart 1998

Strauss, Walter: Fragen der Strafrechtsreform, in: Lutherische Monatshefte 1 (1962), S. 503–512

Thielicke, Helmut: Theologische Ethik, Bd. 3, hier nach der 2. Aufl. Tübingen 1968, S. 788–810

Thielicke, Helmut: Erwägungen der evangelisch-theologischen Ethik zum Problem der Homosexualität und ihrer strafrechtlichen Relevanz, in: Zeitschrift für Evangelische Ethik 6 (1962), S. 150–166

Wannenwetsch, Bernd: Art. Homosexualität, in: Evangelisches Soziallexikon, 8. Aufl., Stuttgart 2001, Sp. 704–706

Werner, Reiner: Homosexualität. Herausforderung an Wissen und Toleranz, hier Berlin 2. Aufl. 1988

Wiedemann, Hans-Georg: Homosexuelle Liebe. Für eine Neuorientierung in der christlichen Ethik, Stuttgart 1982

Wiedemann, Hans-Georg: Homosexuell. Das Buch für homosexuell Liebende, ihre Angehörigen und ihre Gegner, Stuttgart 1995

Wörner, Michael: Die Entwicklung der HuK in den 1980er Jahren, in: Brinkschröder u. a., Aufgehende Saat, S. 24–32

Archivquellen (jeweils geordnet nach Datum)

Evangelisches Zentralarchiv Berlin (EZA)

99/992
Briefwechsel zwischen der Kirchenkanzlei der EKD und dem Zentralinstitut für Familienberatung, z. B. 8. und 11. Juni 1970; Stellungnahme des Evangelischen Zentralinstituts für Familienberatung zur Reform der Ehescheidungsgesetzgebung, Februar 1971; Ein unausgereifter Gesprächsbeitrag des Evangelischen Zentralinstituts für Familienberatung, Familienpolitische Informationen 10. Jahrgang, Nr. 3, 3. März 1971; Auszug aus dem Protokoll der 51. Ratssitzung vom 17./18. März 1971 und Auszug aus dem Protokoll der Referentenbesprechung am 17./18. März 1971

99/995
Bericht des Oberrechnungsamtes der EKD über die Prüfung der Jahresrechnung 1972 des Evangelischen Zentralinstituts für Familienberatung

686/7948
Bericht vom Tag der Landeskirche in Hannover Juli 1978

71/3466
Hermann Greifenstein an das Kirchentagspräsidium (19. und 28. März 1979); Harald Uhl an das Kirchentagspräsidium (12. März 1979); Briefwechsel Klaus von Bismarck / Helmut Kentler (Mai 1979)

71/3475
Hermann Greifenstein an Harald Uhl (8. Mai 1979); weiteres Material zum Kirchentag in Nürnberg und der Beteiligung der HuK

528/172
Weder Krankheit noch Perversion. Eine starke Minderheit ist homosexuell veranlagt, in: Glaube und Heimat Nr. 15, 10. April 1983; Evangelische Akademie West-Berlin, Seminar zum Thema »Dürfen Mitarbeiter der Kirche homosexuell sein?«, epd, Landesdienst Berlin, Nr. 71, 14. April 1980: Jürgen Ziemer: Tabu Homosexualität, Vortrag am 25. April 1982; Eduard Stapel: Ein Umdenkungsprozeß, in: Sonntag Nr. 25, 20. Juni 1982; Landesbruderrat der Bekennenden Ev.-Luth. Kirche Sachsens: Kirche und Homosexualität. 32 Thesen (7. Juni 1983); Ulrich Zieger: Zur schwulen Realität in der DDR. 8 Bemerkungen und ein Versuch dagegen; Warum wenden wir Schwulen uns an Gemeinden und Kirchenleitung um Hilfe? (ohne Vf); Coming out im Vakuum. Warum sich Schwule in der DDR an die evangelische Kirche wenden; Gedanken eines christlichen Laien (Kirchvorstehers) zu dem hart umstrittenen Artikel in der Wochenzeitung »Die Kirche« vom 6. März 1983, Dresden, Juli 1983; Brief von Marina Krug an Generalsuperintendent Krusche, 20. September 1983; Sächsische Landessynode, Herbsttagung 1983, Bericht der Kirchenleitung, Teil II, Nr. 3.8

528/173
Bischof Johannes Hempel, Rundbrief vom März 1984; Abschlußbericht der ad-hoc-Arbeitsgruppe der Kirchenleitung »Homosexuelle als Mitarbeiter im Verkündigungsdienst der Kirche«, vorgelegt auf der Sitzung der Kirchenleitung am 28./29. September 1984 (auch LKA Hannover LG/I Nr. 350); Rechenschaftsbericht der Kirchenleitung vor der 2. Tagung der X. Synode der KPS, 24.–28. Oktober 1984; Karlheinz Blaschke: Homosexualität als sozial-kulturelles Problem in biblischer Sicht, Die Kirche 24. März 1985; Manfred Punge: Offener Brief an Bischof Gottfried Forck, 26. Mai 1985; Bericht über eine Tagung in der Evangelischen Akademie Halle: Ena 38, Nr. 42, 17. Oktober 1985; Bericht über die Tagung der Ev. Akademie der Ev.-Luth. Landeskirche Sachsens in Meißen am 1. März 1986

528/174
Votum des Bischofskonvents des Kirchenbundes zur Frage der Ordination Homosexueller, 5. Juni 1986; Kollegium des Sprachenkonvikts in Ost-Berlin: Zur Frage der Ordination von Homosexuellen, die in homosexueller Partnerschaft leben; Bischof Johannes Hempel, Rundbrief vom April 1987

101/3088
Eduard Stapel an den Kirchenbund, 28. Januar 1988; Auszug aus dem Protokoll über die 208. Sitzung des Vorstands am 17. März 1988 in Leipzig

Archiv der Evangelischen Kirche im Rheinland

2 LR 031
W. Matscheroth (Homosexuelle Interessengemeinschaft Düsseldorf) an die Evangelische Hauptstelle für Familien- und Lebensbe-

ratung (27. Juni 1977); Protokoll der konstituierenden Sitzung des Projektausschusses »Beratung und Seelsorge« für den 24. DEKT 1991 im Ruhrgebiet; Zusammenfassende Auswertung des Statistikbogens »Einzelberatung« und »Gruppenberatung«, Beratungs- und Seelsorgezentrum und Marktberatung, 21. DEKT Düsseldorf; 23. DEKT Berlin 1989: Zentrum für Beratung und Seelsorge. Marktberatung: Statistische Auswertung. Tabellen und Diagramme; Evangelischer Kirchentag München: Zentrum für Beratung und Seelsorge. Marktberatung: Statistische Auswertung der Einzelberatungen

Handakten LKR Klaus Teschner (mehrere Bände)
Stadtmission Sobernheim an die Synode des Kirchenkreises An Nahe und Glan z. Hd. Superintendent Hartmut Eigemann, 14. Juli 1995; Evangelisch-Theologische Fakultät Bonn: Stellungnahme zum Diskussionspapier »Sexualität und Lebensformen« sowie »Trauung und Segnung«; Erklärung der Bischofskonferenz der VELKD zu Beschlüssen der Nordelbischen Synode vom 7./8. Februar 1997, 11. März 1997; EKD-Pressemitteilung, 26. Februar 1997; Protokoll des Arbeitskreises »Landeskirchliche Gemeinschaften / Landeskirche« vom 29. August 1996; Protokoll der Sitzung des Arbeitskreises Landeskirche / Landeskirchliche Gemeinschaften am 12. August 1998; Protokoll der Sitzung des Arbeitskreises Landeskirche / Landeskirchliche Gemeinschaften am 16. September 1999; Protokoll der Sitzung des Arbeitskreises Landeskirche / Landeskirchliche Gemeinschaften am 7. Juni 2000; Presseberichte über die Kreissynode Braunfels; Hartmut Steeb: Stellungnahme zur Wahl von Präses Manfred Kock zum Ratsvorsitzenden der EKD mit handschriftlicher Notiz

13-1-9 (mehrere Bände)
Martin Hirsch an den Öffentlichkeitsausschuss, 29. November 1968; Gedanken und Maßstäbe zum Dienst Homophiler in der Kirche. Zur Diskussion über eine Orientierungshilfe; Reller an Mehlhausen, 17. Dezember 1980; Mehlhausen an Reller, 20. Januar 1981; Ethisch-theologische Stellungnahme zur Homosexualität; Schreiben des Landeskirchenamts an Martin Honecker vom 21. Januar und 20. Februar 1981; Konferenz Bekennender Gemeinschaften in den Evangelischen Kirchen Deutschlands an die Evangelische Kirche im Rheinland, 28. April 1981 mit beiliegendem Text; Brief eines Schülers an die Kirchenleitung, 1. April 1981, und Antwort vom 24. April 1981, Brief der Mutter vom 29. Juli 1981; Briefwechsel im August/September/Oktober 1983 zwischen der Kirchlichen Hochschule Wuppertal und der Rheinischen Landeskirche; Badischer Evangelischer Oberkirchenrat an das Landeskirchenamt in Düsseldorf, 24. Februar 1984, Antwort vom 2. März 1984; Stellungnahme zum Diskussionspapier für die Gemeinden und Kirchenkreise der Evangelischen Kirche im Rheinland »Sexualität und Lebensformen« sowie »Trauung und Segnung«; Bericht über die Ausschuss-Arbeit für die Landessynode 1999 (2 Blätter, ohne Titel, ohne Datum, Zusammenhang nur durch handschriftliche Notiz erkennbar) und Berufungsschreiben an die Mitglieder vom 27. Juni 1997

13-1-3-1
Zur Stellungnahme des Öffentlichkeitsausschusses: Landeskirchenamt der Evangelischen Kirche im Rheinland an Superintendent Dieter Munscheid, 26. August 1968

LKA 1981
Klausurtagung vom 12. bis 13. Juni 1981 im Haus Hermann von Wied, Rengsdorf, über das Thema Homophilie und Homosexualität als Frage an das Handeln der Kirche

P 76, 2009.447
Stellungnahme des Kollegiums der Kirchlichen Hochschule Wuppertal zum Diskussionspapier »Sexualität und Lebensformen« sowie »Trauung und Segnung«, in: Landeskirchenamt der Evangelischen Kirche im Rheinland (Hg.): Reader II zum rheinischen Diskussionspapier

Evangelisches Landeskirchliches Archiv in Berlin (ELAB)

55.5/740
Homosexuelle werfen den Kirchen Intoleranz vor (epd ZA 7. November 1972); Homosexuelle wollen »heiraten« (epd-Landesdienst Bayern, 1. April 1974); Bischof Martin Kruse an alle Kreiskirchenräte, Gemeindekirchenräte, Provinzialkirchliche Einrichtungen, 12. Juli 1985, auch Presseberichte dazu

027/61
Bericht über den Versuch Marina Krugs einer Kranzniederlegung im KZ Ravensbrück; Evangelische Studentengemeinde Leipzig, Arbeitskreis Homosexualität: Werkstattbericht; Bernhard Ritter an Eduard Stapel, 19. Dezember 1985

Landeskirchliches Archiv Hannover (LKA)

LG/I Nr. 350
»Homosexualität bei Pfarrern und kirchlichen Mitarbeitern. Zwischenbericht der vom Landeskirchenrat eingesetzten Arbeitsgruppe. Material für die Vollsitzung am 18.–20. September 1978; MAGOK 2/79 (Materialien zur Arbeit der »Gruppe Offene Kirche); Betr.: Äußerungen zur Frage der Homosexualität in der Kirchenprovinz Sachsen; Synode der Kirchenprovinz Sachsen 1984: Stellungnahme zur Frage der Homosexualität

N 130 Nr. 145
Gutachten zur Entlassung von Klaus Brinker: LKA Hannover; Gedanken und Maßstäbe zum Dienst Homophiler in der Kirche. Zur Diskussion über eine Orientierungshilfe

S 9a Nr. 31
Kirche muß Hilfe bieten, Homosexualität sinnerfüllt zu leben (epd Nr. 128/79); Pastor wegen Homosexualität von seinen Aufgaben entbunden (epd Nr. 92/79); Kann ein Homosexueller Pastor sein? (epd Nr. 92/79); Landesbischof Lohse: Homosexuelle müssen Platz in der Kirche haben (epd Nr. 97/79); 4700 Unterschriften für Pastor Brinker auf dem Kirchentag (epd Nr. 98/79); Theologiestudenten kritisieren Diskriminierung Homosexueller (epd Nr. 99/79); Vikare fordern Auseinandersetzung mit Homosexualität (epd Nr. 103/79); Angeblich 80 homosexuelle Pastoren in der Landeskirche (epd Nr. 109/79); Lebendige Volkskirche gegen Brinker als Gemeindepfarrer (epd Nr. 110/79); Brinker klagt gegen Versetzung nach Göttingen (epd Nr. 115/79); Pastor Brinker erhält Auftrag in Hannover (epd Nr. 133/79); Hans-Georg Wiedemann an Eduard Lohse, 26. Juni 1979; Pressemitteilung vom 26. März 1981; Homophilen-Papier der VELKD verfälscht neuere Erkenntnisse (epd Nr. 51/80); Brinker: Rund 60 Pfarrer in Homosexuellen-Arbeitsgruppe (epd Nr. 58/81); Arbeitsgruppe: Pastor Brinker will keine homophile Ehe (epd Nr. 62/81); Weißes Kreuz begrüßt Entlassung (epd Nr. 62/81); Arbeitsgruppe Homosexuelle und Kirche - Region Nord an den Präsidenten des LKA Hannover, 27. April 1981; Sonderausschuß zu Ehe, Partnerschaft, Homosexualität (epd Nr. 100/81); Klage auf Einstellung eines homosexuellen Pastors abgelehnt (epd Nr. 207/82); Scharfe theologische Vorwürfe gegen hannoversche Landeskirche (epd Nr. 130/84); Kirchengericht bestätigte Entlassung eines homosexuellen Pfarrers (epd Nr. 190/84); Gemeinde uneinig über homosexuellen Pfarrer (epd

Nr. 218/84); Kirchliche Versicherung zahlt nicht für homosexuellen Pastor (epd Nr. 139/89)

D 15 X Nr. 4003
Fragenbereiche, die durch das Problem der Homosexualität bei kirchlichen Mitarbeitern berührt werden

D 15 X Nr. 4005
Gerhard Naujokat an Bischof Martin Kruse, 18. März 1980; Heinz Brink an den Idea, 23. März 1980; Joachim Illies an Horst Reller, 1. April 1980; Stellungnahme der Arbeitsgruppe ›Homosexuelle und Kirche‹« zur Orientierungshilfe von 1980

D 15 X Nr. 4009
Hermann Ringeling: Homosexualität – Zum Ansatz der Problemstellung in der theologischen Ethik, Niederschrift über die 1. Sitzung der Arbeitsgruppe Homosexualität am 26. April 1985, Niederschrift über die 2. Sitzung der Arbeitsgruppe Homosexualität am 3. Oktober 1985 in Frankfurt/Main; Niederschrift über die dritte Sitzung der Arbeitsgruppe Homosexualität am 13. Dezember 1985 in Hannover

D 15 XI Nr. A 2169
Horst-Klaus Hofmann an Horst Reller, 29. Juli 1983; Karlheinz Schmale an Horst Reller, 15. September 1983

Zum Autor

Klaus Fitschen, Dr. theol., Jahrgang 1961, studierte Evangelische Theologie in Heidelberg, München und Kiel. Seit 2002 ist er Professor für Neuere und Neueste Kirchengeschichte (Nachfolge Kurt Nowak) an der Universität Leipzig. Fitschen ist Mitglied der Evangelischen Arbeitsgemeinschaft für Kirchliche Zeitgeschichte und Vorsitzender der Historischen Kommission des Deutschen Nationalkomitees des Lutherischen Weltbunds. Er ist Autor zahlreicher Publikationen und u. a. Herausgeber der Reihe »Arbeiten zur Kirchen- und Theologiegeschichte«.